超解読!
はじめてのフッサール『イデーン』

竹田青嗣／荒井 訓

講談社現代新書
2761

まえがき

『イデーン』はフッサール現象学の主著であり、現象学の根本方法は、『イデーン』の解読とその完全な理解なしには把握されえない。しかし、私見では、すでに世上にあるさまざまな現象学解釈を見るかぎり、「現象学的還元」とその応用である「本質観取」という二つの根本方法は、これまで正しく理解されてきたとはいえない。それにはいくつかの理由があるのだが、これについてはのちに触れる。

フッサールのテクストはたいへん難解である。しかし現象学の方法の本質を適切に追いつめれば、その根本構図はきわめてシンプルであり、誰にも把握することができるものだ。私は本書で、一般の読者が現象学の方法のエッセンスを理解できるように、可能なすべての努力を払った。

本書を先入見なしに『イデーン』本文とあわせて読解する者は、現象学の根本動機と方法をはじめて完全に理解する読者となるだろう。そして、現象学がヨーロッパの哲学史にとってもつ画期的な意義をはじめて把握することになると思う。

序論として、「認識問題の現象学的解明」をおいた。これまでの一般的な現象学理解を修正する現象学の根本動機と方法についての総論なので、やや長い序論となった。なので読者は、ここを飛ばしてまず対訳的解読に入り、最後の総括としてこれを読んでもよい。しかし序論の二節、五節、六節は、『イデーン』の解読の上で助けになる用語解説を含むので、事前に読んでおくか、あるいはそのつどここに戻りつつ読むことを勧める。

現象学の根本動機はひとことで「認識問題の解明」だといえる。ヨーロッパ哲学には古くから認識問題の難問が存在し、それはギリシャ哲学から現代にいたるまで続いている。つまり、普遍認識（客観認識を含む）は可能かという問いだ。

これに対して、「普遍認識は不可能である」という強力な主張が存在する。これが哲学的懐疑主義－相対主義である。懐疑論者は主張する。普遍認識が存在するには「主観」（認識）が「客観」（存在）に一致する必要がある。しかしこの「一致」は論理的に証明不可能である。人間の認識はどこまでも主観の認識であり、人間は自分の認識が「客観」に一致しているかどうかを「主観」の外に出て確かめることができない。これが「主観と客観の一致はない」という認識問題のアポリア（難問）である。

普遍認識が不可能であるならあらゆる認識は相対的なものとなり、これは普遍認識をめがける哲学の否定を意味する。そのため多くの優れた哲学者がこれに反駁《はんばく》しようとしてきた。しかしこの主張はきわめて強力で、いまだこの反駁に成功したものはいない。これが認識問題の大きな背景である。

さて、フッサールはこう主張する。この難問は「現象学的還元」という方法によってのみ解決できる、と。『イデーン』はこの方法の実践として書かれているのだが、その説明はやはりひどく難解で分かりにくい。

そこで「現象学的還元」という方法がどのようなものかを、分かりやすい例で示してみよう。

いま私が目の前にリンゴを見る。このとき、ふつうは誰も、「リンゴがそこに存在しているので（原因）、私に、赤い、丸い、つやつや、が見える（結果）」と考える。これは自然的見方と呼ばれる。「現象学的還元」とは、この自然な物の見方を逆転することを意味する。すなわち、「私に、赤い、丸い、つやつや、が見えるので（原因）、私はそこにリンゴが存在するという確信をもつ（結果）」。

このように、対象認識の自然な見方を徹底的に変更すること、存在があって主観の認識があるという見方を、主観の認識があって存在確信が生じるという見方に変更すること、これが現象学的還元という方法の要諦である（一般の解説書では解説自体が難解でこのことがほとんど理解されない）。

これは言い換えれば、一切の認識を「確信」の成立と見なすこと、を意味する。この方法によってヨーロッパ認識問題の難問は解明される、そうフッサールは主張する。だが、この視線の変更によっていかにして認識問題が解明されるのか。詳しい解説は序論にゆずって、なぜ現象学がこの不自然な視線の逆転をとるかについて、大きな見取り図をおこう。

キーワードとなるのは、「事実の認識」と「本質の認識」、である。

リンゴの認識、すなわち自然事物の認識が問題なら、「リンゴが存在するので、私は赤い、丸いを見る」という自然な見方をあえて逆転する必要はない。自然科学の認識は、すべてこの存在（客観）→認識（主観）という認識の構図を前提としている。この領域では、この構図が自然であり合理的なのだ。

しかし、哲学が主題とする人間や社会の領域では（以後人文領域と呼ぶ）、「事実の認識」ではなく「本質の認識」が問題となる。この領域では、リンゴがあるので赤いや丸いが見えるという認識構図は、合理的でないどころか決定的な矛盾が現われる。なぜだろうか。

人文領域では、その認識は「事実」の認識ではない。その理由をひとことでいえば、そこに必ず価値の要素が入り込むからである。

社会の認識とは、社会が事実として何かの認識ではなく、いわば「何がよい社会か」という観点が必ず問題となる。つまり、単なる事実認識ではなく、社会的な善悪や正義・不正義の普遍的な基準が求められるのである。そしてここでは「価値観の相違」が現われ、そのため普遍的な認識（共通認識）を取り出すのは容易ではない。

別の例を出そう。あなたが一神教を信じ、誰かが多神教を信じているとしよう。あなたが富の平等な分配を正しいと考え、誰かが個々人の正当な利得の結果を認めるべきと考えているとしよう。あなたが民主主義を正しいと信じ、誰かが社会主義を正しいと信じているとしよう。とうぜんこれらの考えは対立する。

この場合、あなたがもし事前に、一神教や平等な分配や資本主義が「正しい考え」であるという信念をもっているなら、問題はどこにもゆきつかない。ここではむしろ、なぜ異なった考え方や信念（確信）が形成されるかの理由がまず解明されるのでなくてはならず、そのことではじめて、異なった考えがいかに調停されるか、いかに新しい共通了解が創り出されるか、という新しい認識の道が開ける。これが「本質の認識」である。

フッサールが、「現象学的還元」の方法によって自然的な認識構図を逆転せよ、と主張する理由がここにある。「本質」の認識の領域では、一切の認識について「リンゴが存在するので、赤いや丸いが見える」ではなく、つねに、「赤いや丸いが見えるので、リンゴの存在確信が現われる」という根本的な視線変更が必要とされる。まず価値の多様による意見や理説の違いや対立を前提として考える必要があるのだ。

「本質の認識」においては、「何が事実として正しいのか」という問いを前提として立てることはできない。ここでは、意見や理説の差異、その対立の本質的な理由がまず解明されねばならず、そのことではじめて調停や共通了解の可能性が見出されうる。このことが、フッサール現象学において、客観や存在の前提的な事実性がはじめに「エポケー」（いったん留保）されることの理由なのである。

『イデーン』超解読の読者は、現象学の根本動機が認識問題の解明にあり、それゆえ根本方法がこの必然的な視線変更にあることをつねに念頭におかねばならない。この視線変更の理由を理解することなしには『イデーン』のテクストは、難解な呪文の海になるだろう。ここまでの現象学解釈の混乱は如実にそのことを示している。

いま述べた現象学的還元という視線変更の理由は、しかし、『イデーン』ではそう明快に説明されてはいない（むしろ、後に書かれた『イデーンI』あとがきに、かなり整理されて書かれている）。ここでフッサールが詳細に描いているのは、視覚経験における対象の「存在確信」の構成（現象学における「構成」はつねに対象についての確信形成を意味する）の基本図式である。つまり机や紙といった事物の「存在確信」が意識のうちでいかに「構成」されるかについての、彼自身の内省による詳細な記述である。

この内省を彼は「本質観取」と呼ぶ。つまり「現象学的還元」とは、まず右に見た視線の変更のことであり、つぎにその上で遂行される内省の作業（本質観取）を意味する。

最後にもう一つ。一般に、『イデーン』は読み進むうちにどんどん難解になり、何を記述しているのか理解するのが難しくなる。私の読者へのアドバイスは、話が混乱してきたら、つねに、現象学は対象の意識内での確信構成の記述だということ、また、このいわば不自然な視線の変更は、「主観‐客観」の難問を解明するための意図的な方法だということを、思い起こしてほしい。

意識のうちで対象確信がどのように構成されるか、この構造を内省的に観取して記述すること。これが「本質観取」の方法だが、この「本質観取」の方法を自分なりに行なうことができるようになれば、それは哲学にかぎらずあらゆる思考に適用することができる。そうなれば、読者にとって現象学はある意味で〝免許皆伝〟となるだろう。

【凡例】

・『イデーン』は、現象学の根本方法を示す枢要のテクストであり、その難解さは尋常ではない。そこで今回は特別の工夫を行なった。ここでは、テクスト全体を章だてに従って超解読するという従来のスタイルを変えて、重要節の原文を新しく邦訳し、パラグラフごとに対訳的に超解読するというスタイルを取った。

原文翻訳は早稲田大学商学部の荒井訓教授、超解読および解説全体を竹田が受け持った。このことでいちいち翻訳書にあたらずに、フッサールの直接のテクストとその超解読を対照しつつ読み進めることができる。これは読者にとって大きな利点となるはずである。

本書の翻訳および解説の底本は、次のとおりである。

Ideen zu einer reinen Phänomenologie und phänomenologischen Philosophie: Husserliana III/1, hg. von Karl Schuhmann, Den Haag 1976. / Nachwort aus Husserliana V, hg. von Marly Biemel, Den Haag 1971.

・この超解読は『イデーンI』の第一節〜第四六節に限定した。これも従来のスタイルと異なるが、『イデーンI』の全体は、第四編の一五三節まであり、すべてを解読すると約四倍の分量となり、このシリーズの形式ではとうてい収まらない。しかし四六節までの箇所は、現象学の根本方法のエッセンスを把握する上で枢要をなす箇所であり、思案の上この箇所に限定した。この間の事情については、最後においた「解読の総括」を参照してほしい。

・全体を、対訳的解読（◎）、簡潔解読（▲）、概要解説（△）に分けた。各章のはじめに章前解説（□）を置いている。

・解読部の〔⇒〕は、竹田による補足的説明。

・竹田の序論でのフッサールの引用は、箇所の参照が可能なように、『デカルト的省察』船橋弘訳（中公バックス）、『ヨーロッパ諸学の危機と超越論的現象学』（以下『危機』と略）細谷恒夫・木田元訳（中公文庫）をもちいた。

目次

（対訳的解読◎、簡潔解読▲　概要解説△、竹田解説□　に振り分け）

第一篇　本質と本質認識

第二篇　現象学的基礎考察

第一章　自然的態度のなす定立と、その定立の遮断（27節〜32節）　165

第二章　意識と自然的現実（33節〜46節）　210

序論　認識問題の現象学的解明
——ヨーロッパ現象学解釈の刷新

竹田青嗣

1　現象学解釈の挫折——その前提的背景

フッサール現象学は、存在論哲学のハイデガー、言語哲学のヴィトゲンシュタインとならんで二十世紀哲学の三つの最高峰をなす。しかし現象学の根本動機、根本理念、根本方法は、ここまで大きな誤解に晒《さら》され続けており、それは現在にまでいたっている。

フッサール現象学の最大の功績は、ヨーロッパ哲学の最大の難問といえる認識論の謎、哲学的な普遍認識の可能性についての謎を完全に解明した点にある。にもかかわらず、ここまでのところ、フッサール現象学のこの根本動機が明確に指摘されたことはなく、したがって、その解明の方法のエッセンスが明示されたこともない。

従来の現象学の一般的解釈は、「厳密な認識の根本的な基礎づけの試み」、すなわち「正しい認識」（真理認識）のための哲学的基礎理論というものだが、この理解はフッサールの根本動機からは正反対の理解である。もしこうした理解が正しいとすれば、哲学としての現象学はほとんど重要性をもたない古い形而上学の遺物にすぎない。現状は、この理解の上に、さまざまな現象学批判が流布されているのである。

二十世紀の現象学解釈の大きな流れは二つある。一つは、直接の高弟であるハイデガー、フィンク、ラントグレーベなどから受け継がれている理解で、ここではフッサール現象学の大きな意義は、ハイデガー存在論－実存論の先駆をなした点にあるとされる（ハイデガー存在論、メルロー＝ポンティ身体論という重要な現象学系哲学の源流、という位置づけは最も一般的だ）。

もう一つは、こうした一般的現象学理解の上に立つ、相対主義、そしてそれと対極にある客観主義からの批判論である。フッサール現象学は厳密な哲学的認識の根本的な基礎づけを試みたが、総じて主観主義や意識主義に陥って失敗に終わったという批判（ローティ、ハーバーマス）。またこうした厳密な認識の基礎づけ主義自体が形而上学的「真理主義」の試みである、というポストモダン相対主義からの批判などである（デリダ、フーコー）。

つけ加えると、近年、現象学を、批判的にではなく心理学その他の学問に応用しようとする流れも生じているが、ここでも認識論の解明という根本の動機はほとんど受けとられていない。いずれにせよ、これらの評価、解釈、批判は、現象学の根本方法が何であるのかについての大きな誤解、あるいは無理解にもとづいている。

フッサールのテクストはヘーゲルとならんでその難解さで双璧である。そのためそれについての解釈や解説もひどく難解である。この理由で、一般の読者には、解釈や批判の妥当性を判断すること自体が至難の業である。そのことは、現象学理解がこれほどまで長い誤解に晒されていた理由の一つといってよい。この状況を打開するには、それゆえ、思いきった議論の簡明化が必要である。

2　現象学の動機、根本方法、その達成

まずヨーロッパの「認識問題」とそれが大きな難問であることの理由からはじめよう。哲学の認識問題は、ギリシャ哲学で、哲学者のさまざまな世界理説が登場し対立を示したところから始まる。普遍認識はそもそも不可能であるという懐疑論（＝相対主義）は、ソフィストたちによって主張されたが、その代表者はプロタゴラスやゴルギアスである。とくにゴルギアスは三つの興味深い論証をおいた。これを私はゴルギアス・テーゼと呼ぶ。

①存在はない。なぜなら誰も存在を証明できないから。
②仮に存在があるとしても、誰も認識できない。
③仮に存在の認識があるとしても、誰もそれを正しく言葉にできない。

この三つの論証でゴルギアスは、普遍認識の不可能性に三重のカギを掛けたことになる。それを、つぎの分かりやすい構図で示すことができる。

「存在≠認識≠言語」

この構図が、以後、哲学を普遍認識*の学と見なすヨーロッパの優れた哲学者を悩ましつづけた、懐疑論－相対主義の「難問」の根源となった。普遍認識の可能性を否定する懐疑論－相対主義は哲学史に何度も現われるのだが、その論拠を追いつめればつねにこの「存在≠認識≠言語」の構図に帰せられるからだ。近代哲学でそれは、「主観－客観の不一致」という形をとり、現代哲学では「認識と言語の不一致」という形をとっている。

＊ここで、「客観認識」は主として事実的なものの認識を指し、「普遍認識」は関係的、本質的なものの認識を指すものとして大まかに区別しておく。「普遍認識」で両者を含める場合もある。

さてしかし、普遍認識は存在しないというこの懐疑論－相対主義の主張には、ねじれた性格がある。というのは、一方でわれわれは、自然科学の領域では客観的な認識が生み出されていると見なしており、普遍認識は当然可能であるように思える。しかし一方で、人間や社会の領域では、つねに多様な見解、思想、学説が乱立し、つねに対立が生じていることを誰でも知っている。

たとえば、政治学、心理学、歴史学、経済学などの分野においては、つねに学説上の対立が存在し、科学の認識のような明白な一致が存在しない。なぜ自然科学で生じている客観（普遍）認識は、哲学の領域（人文領域）では生じないのか。

十九世紀以後、まさしく社会的な普遍認識の可能性を求める動機から、二つの認識論の運動が現われた。一つはオーギュスト・コントに発する実証主義的な社会科学の試み、もう一つはフレーゲ・ラッセルによる現代論理哲学である。

コントは、伝統的な近代哲学の方法を否定し、人文領域の認識も、自然科学の実証的方法を基礎として再建されるべきと主張した。コントのこの主張から、近代の社会科学、人文科学が出発したのである。もう一つの現代論理学は、「認識」と「言語」がつねに一致するように論理学のルールを整備するという発想であり、一時、論理実証主義として盛んになった。

しかし両者の試みは半世紀を経て挫折した。社会科学も、論理実証主義も、人文領域における普遍認識の基礎方法を確立することはできなかった。

その理由は、いまではきわめて明らかである。この普遍認識の試みに対して、つねに、「主観と客観」また「存在と認識」のあいだの「厳密な一致」は証明されえない、という懐疑論、相対主義の反論が立ちはだかる。そして、誰もこれに対して決定的な反駁をなしえなかったからである。

二十世紀後半は、普遍認識を批判する相対主義哲学が哲学の主流となった。分析哲学とポストモダン思想がそれを代表する。

「多様性」は現代社会における象徴的キーワードだが、それは現代哲学（思想）における懐疑論－相対主義の思潮を反映している。つまり、絶対的（普遍的）認識は不可能であるだけでなく、危険でさえある、さまざまな考え方が存在することがむしろ健全であり望ましい、とそれは主張する。

しかし哲学的には、多様性が許容され尊重されるべきであるということと、認識は相対的であり、普遍認識はありえない、ということとはまったく別の問題である。

これをひとことでいえばこうなる。人間の価値観は本性的に多様だが、民主主義的社会以外ではそれは許容されない（中世では異端は火あぶり）。そして、価値の多様性は、ただ「自由の相互承認」（ヘーゲル）を基礎とする「自由な市民社会」においてのみ可能となる。つまり、価値観の多様性は自由な市民社会でのみ可能であるという哲学原理は、まさしく普遍的な認識なのである。

ともあれ、認識問題の難問を解くカギは、自然の領域では普遍認識が成立するのに、人文領域ではなぜそれが不可能かという問題を〝解明〟することにある。フッサールはこのことを明瞭に自覚していた。ここから「現象学的還元」の方法が構想されたのである。

さて、「まえがき」で触れたように、この方法の要諦を、①「リンゴがあるから赤い、丸いが見える」という自然的見方から、「赤い、丸いが見えるので、リンゴの存在の確信」が生じる、という哲学的視線への変更、として示すことができる。

自然科学の方法では、①の視線はなんら不都合でないが、人文領域の問いでは、①の視線は不都合である②の反転された現象学的視線が必須となるからだ。

「まえがき」で私はこれを、「事実の認識」と「本質の認識」の問いの違いとして整理した。哲学が中心主題とする「人文領域」の問い、「本質の認識」の領域では、存在→認識、つまり客観→主観という自然的な見方は無効であり、主観（経験）→「確信」の成立という現象学的な視線の変更が必須なのである。

こうして、フッサールがはじめて、認識問題を「主観‐客観」の一致という認識の構図で考えることの誤りを明瞭に指摘した。自然科学の領域ではこの構図は合理的な見方であるといったが、認識の本質構造として厳密に考えると、自然科学の客観認識もじつは人間の認識が「客観」と一致することで成立するわけではない。

自然科学の認識は、自然法則についての仮説があり、この仮説がさまざまな実証データによって繰り返し検証され、その結果、可能な他の仮説が退けられて、科学者たちの共通確信が確立されることによって成立する。しかしこの「客観認識」はじつはどこまでも暫定的な客観認識であって、決して最終の結論にはいたらない。

このことはあれほど客観的と見なされたニュートン力学が、計測技術の進化による新しいデータによってアインシュタインの相対性理論に置き換えられたことを見ても分かる。科学の「客観認識」はどこまでもデータに依存し、データは技術の進歩に依存し、絶対的な終着点をもたないからだ。それでも自然領域では、なんらかの実在的事実が「想定」されており、それが「客観的な事実」の正しい認識という構図を合理的なものとしているのである。

これに対して、人文領域の認識では、そもそも客観的事実なるものは想定されない。人間の世界は、つねに変化する関係の網の目であり、かつこの関係の網の目は、事実的な因果関係の網の目ではなく、人間関係が織りなす「意味と価値」の網の目である。それゆえこの領域の認識は、つねに「よい社会とは」、「よい政治とは」、「よい教育とは」といった問いを含む。

問題は「事実」の認識ではなく「本質」の認識である。つまりここでは「本質の認識」についての普遍的な方法が求められるのである。

それをフッサールは、実証的方法をこととする「事実学」と区別して「本質学」と名づける。

このように見てくれれば、フッサール現象学を、真理認識をめがける厳密な認識の基礎づけと見なしたり、「存在論哲学」の予備的哲学と見なす従来の通念的な現象学理解が、いかに的を外したものであるかが理解されるはずだ。

3 フッサールとハイデガー、現象学対存在論

なぜフッサール現象学がこれほど長く誤解されてきたのか、これについて読者は自然な疑問をもつと思う。これまでも何度か論じてきたが、ここでも最小限必要なことを述べておこう。

何より不運だったのは、フッサールが「君と私こそが現象学だ」というまでに嘱望《しょくぼう》した直弟子のハイデガーが、じつのところフッサール現象学の根本動機を受けとらず、それを

自分の「存在論哲学」へと変形したことである。また、にもかかわらずハイデガーはフッサールの第一の後継者とされ、ハイデガー存在論がフッサール現象学の哲学的深化と見なされたことである。

ハイデガーの現象学理解にはたいへん奇異な点がある。ハイデガーはその出世作と言える『存在と時間』をフッサールに献呈した。しかしフッサールにとってこの愛弟子の処女作はきわめて微妙な意味をもっていた。なぜなら、ハイデガーはフッサール現象学の本質観取の方法については、その師以上の見事な仕方でこれを自身の実存論哲学の基礎方法として適用しているのだが、一方で、現象学の根本テーマである認識問題の解明という動機については、これを完全に投げ捨てているからである。

『存在と時間』には二つの中心主題がある。一つは、人間の実存、つまり人間独自の存在の仕方の本質を、客観的な仕方ではなく、まさしく本質観取の方法をもちいて把握すること。この主題については、ハイデガー哲学は比類のない仕事を果たしている。それはキルケゴールに発する現代実存哲学の大きな達成であるといえる。われわれはここに、現象学に由来する本質観取という方法の見事な適用の実例を見ることができる（詳細は竹田『ハイデガー入門』、講談社学術文庫参照）。

しかし、『存在と時間』のもう一つの主題は、「存在の意味」あるいは「存在の真理」の探究にある。ハイデガーはここでマニフェストする。これまで哲学は「存在がどういうものなのか」については問い続けてきた。しかし「そもそも何かが存在するとはどういうことか」については誰も問うてこなかった、自分がこれをはじめて哲学の問いとして開始する、と。

このハイデガー哲学の発問は同時代の哲学者たちに大きな衝撃を与えた。しかしフッサールから見れば、ハイデガーの存在論哲学は普遍認識の方法をもたない「形而上学」といえるものだった。フッサールとハイデガーの哲学は、その根本主題において決して相容れない性格をもち、ついに『ブリタニカ草稿』でその対立と訣別が決定的なものとなる。*

*イギリス『ブリタニカ百科事典』の求めで「現象学」の項目を引き受けたフッサールは、ハイデガーの協力を得つつ執筆を進めるが、この過程で、二人の哲学的立場の違いは完全に明らかになる。

フッサールにとって不幸だったのは、ハイデガーとの決裂のみならず、オイゲン・フィンク、ラントグレーベ、ヘルト、ロムバッハ、アグィーレ、トイニッセン、ブラントといったフッサールの弟子たちのほとんどが、ハイデガー哲学の強い影響を受けてフッサール現象学を存在論的に改竄《かいざん》して理解したことである。フィンクのつぎのような言葉はそれを象徴する。

この自己省察（⇓現象学的内省のこと）は存在者のあらゆる既知性や先行的所与性を「括弧のなかに入れ」（略）、もっぱらひたすらに純粋な自己省察を遂行することによって、世界的－存在的な「自己」、つまり人間を超出し、「超越し」て、「超越論的主観性」、つまり本来的な自己へとつき進むのである。（『フッサールの現象学』新田義弘ほか訳、以文社、一〇九ページ）

ここでの「本来的な自己」という言葉はまさしくハイデガー実存論の根本イデーであり、認識論の解明のための方法としての「現象学的還元」の方法的意味は、ここでは完全に無視されている。現象学的内省は確信構成の構造を観取するための方法であって、「本来的な自己」の観念とはまったく無関係である。

上述したフッサールのほとんどの弟子たちは、ハイデガー存在論の「人間存在の探求」という主題に強く引きつけられたが、現象学から認識論の解明という根本動機を正当に受けとった痕跡はまったく見られない。フッサールについての彼らの議論を読めばそれは明らかである（『現象学の根本問題』新田義弘ほか篇、晃洋書房、『現象学の展望』村田純一ほか篇、国文社など）。

繰り返すと、フッサール現象学の中心動機はヨーロッパ認識論の最終的な解明にあり、またその射程は、哲学的普遍認識の方法原理を基礎づけるという未踏の仕事であった。これに対して、ハイデガー哲学の根本動機はヨーロッパ形而上学の伝統的主題である「存在とは何か」の探究である。ハイデガーがフッサール現象学に引きつけられたはじめの契機は別として、両者の哲学はそもそも相容れ難いものだったといわなくてはならない。

現象学は、ハイデガー哲学を経緯することでフランス哲学にも大きな影響を与えた。エマニュエル・レヴィナス、J－P・サルトル、モーリス・メルロー＝ポンティらがその代表だが、やはりともにハイデガー哲学から大きな影響を受けており、フッサールの根本動機を的確に把握しているとはいえない（とはいえメルロー＝ポンティの「身体論」は優れた現象学的身体論として評価される。それはハイデガーの実存論が優れた現象学的実存論であるのと同じである）。また、日本の現象学者たちは、ほとんどが、ハイデゲリアンであるフィンクの現象学解釈を最高権威としてほぼこれを継承している（新田義弘や谷徹など――『完全解読　フッサール『現象学の理念』』講談社選書メチエ、「あとがきにかえて」を参照せよ）。

現象学の継承と展開は、こうして実質的に直弟子のハイデガーで折れ曲がり、途切れてしまった。以後現象学は、認識論の解明というその本義において理解されることはなく、厳密論理主義、真理認識の基礎づけ主義などという百八十度顚倒《てんとう》した像で流通しているか、そうでなければ、現象学の難解な概念をめぐるさまざまな解釈論議の混乱の中に留まりつづけている。

4　ニーチェによる「本体論の解体」

フッサール現象学による認識論の根本的解明の具体的方法を確認する前に、もう一つ読者に知っておいてほしいことがある。

すでに見たように、ヨーロッパ認識論は、近代哲学では「主観－客観」の一致があるかないかという問題の形をとって、普遍認識の可能性を問うてきた。現代哲学ではそれは言語論の形式をとって議論される。つまり、認識と言語の一致、あるいは言語と意味の一致があるか否かという問いの形をとる。

懐疑論－相対主義は、つねに普遍認識の可能性に対して否定の立場をとってきたが、その根本的な論拠となるのが、すでに見た「ゴルギアス・テーゼ」における「存在≠認識≠言語」という不可能性の構図だった。

さて、ところで、普遍認識の可能性がまったくなければ一体どうなるのか。一致がなければおよそ普遍認識は存在せず、すべての認識は相対的なものとなる。そのことの帰結は重大であり、自然科学の客観性も疑わしいものとなるだけでなく、なにより、人間社会における「善悪」や「正義・不正義」についてもその普遍的な基準をまったく示せないことになる。さらに重要なのは、どんな認識も、結局はひとそれぞれ、あるいは観点次第であるとする相対主義の主張は、これを追いつめるなら、善悪・不正義を決めるのは、結局、力の論理、だけである、という結論を導くということだ。

そうであるとすれば、認識についての懐疑論＝相対主義は哲学の意義を根本的に脅かすものとなる。それゆえ、プラトン、アリストテレス、カント、ヘーゲルといったヨーロッパの優れた哲学者たちは、それぞれの仕方でゴルギアスの難問を論駁しようと試みてきたが、しかしまた例外なく挫折してきた。この「存在≠認識≠言語」の構図は、論理的には、論駁不可能だからである。

しかし近代哲学の最後にきて、われわれは、フッサールの前に、ゴルギアス・テーゼを決定的に破砕する哲学者をもつことになる。それがニーチェである。

フッサール現象学の根本構図を確認する前に、われわれはニーチェの「本体論の解体」について見ておかねばならない。

現代思想では、ニーチェはその「遠近法」の概念によって、普遍認識を否定する懐疑論

―相対主義の後ろ楯と見なされている。しかしこれも大きな歪曲であって、それについては『欲望論』第一巻（講談社）ほかでくわしく論じたが、ここでもその要点を述べておく必要がある。

ニーチェは、ヨーロッパで長く続いたキリスト教の理想とその精神を厳しく批判して、近代の実存哲学の大きな達成を示したが、もう一つの重要な業績はその認識論と存在論にある。ひとことで、ニーチェは、それまでのヨーロッパの認識論と存在論の基本のパラダイムを革命的に「顚倒」したのである。

カントは自分の認識論を、コペルニクス的転回と呼んだが、私の見るところでは、ニーチェの認識論と存在論の「転回」のほうが、はるかに根本的な転回である。それは宇宙論でいえば、カントがニュートンならニーチェはアインシュタインに近いのである。

ここでそれを詳細に論じることはできないが、やはり大きな輪郭だけは示そう。

ニーチェの認識論の「転回」のキーワードは、「力への意志」あるいは「力相関性」という言葉で示すことができる。またニーチェの存在論の「転回」のキーワードは、「生成」が「存在」に先行する、である（すべて『権力への意志』）。

まず「力への意志」あるいは「力相関性」（これは竹田によるキーワード）とは何か。

伝統的な認識論の構図は、まず「客観」が存在しそれを「主観」（＝認識）が「正しく」

認識できるか否か、というものだった。カントのよく知られた「物自体」という概念は、人間の認識は神のように「全知」ではないから、客観それ自体、つまり世界それ自体(「物自体」)を正しく認識することは不可能である、ということを意味する。

これに対して、ニーチェは彼らしい言い方でこう主張する。そもそも「物自体」、「世界それ自体」というものは存在しない。「物自体」の概念は、神の全知ならば「物自体」を認識できるが、人間にはそれは不可能だ、ということを意味している。

ゴルギアスは「仮に物自体というものが存在するとしても、それを正しく認識することはできない」と主張したのだが、ニーチェはさらにその先まで進んでこう言っている。仮に「物自体」というものがあるとしても、それはそもそも「認識の対象」ではありえない、と。どういうことか。

そもそも何かが「存在」するとはある主体にとって何かが認識されるということだ。何かが認識されるとは、何らかの対象の諸「性質」(重さ、熱さ、色合い、運動など)が認識(感知)されるということだ。対象の性質が認識されるということは、生き物の「身体や欲望」というそれを認識する「力」があるということだ。すなわち、生き物の「力への意志」なしには、そもそも認識もなく、また認識される「存在」もない。だから「力への意志」を抜きにした「物自体」、存在それ自体というものはない。

これがニーチェによる「存在それ自体」の否定の論理である。いいかえれば、存在とは認識主体の「力」と相関的にのみ成立するのだ。

ここからの帰結はこうなる。一切の認識は、まず客観自体、物自体があって、それを「生き物」が正しく認識する、というのではない（客観→認識図式の解体）。一切の認識は、それぞれの「生き物」の「力への意志」に応じて主体のうちに「生成」される。「正しい認識」なるものはどこにもなく、また「客観それ自体」というものもない。

認識とは、根本的に個々の「生への意志」「力への意志」の相関者である。それゆえまた、まず「存在」があるのではなく、個々の生き物の「力への意志」（生への意志、欲望）に応じた世界の「生成」がはじめにある。そしてここから「客観的存在」なるものが、一つの「想定」として現われてくるにすぎない！

さて、このニーチェの認識論と存在論はやや分かりにくいかもしれない。そこでもう一つ補助線をひいてみよう。

ユクスキュルという生物学者が、マダニの生態を研究してつぎのような説を出している。マダニは、卵からかえると木に登り、適当な枝にしがみついてその下を哺乳動物が通るのを何年でも待つ。哺乳動物が通るのを感知すると手を離して落下し、うまくその背中に落下できた個体は、毛の中深く潜り込んでその血を吸い、成長し、また卵を産む。それがマダニの一生である。

さて、マダニは光覚、温覚、嗅覚（血の臭い）という三つの感覚しかもたないが、その生存を維持するのに、この三つの感覚だけで十分である。つまりこうなる。マダニにかぎらずおよそすべての「生き物」は、このように自分の感覚（身体・欲望）に応じた仕方で、世界を生成、分節している。マダニは感覚が素朴なために世界を正しく認識できない、などとはいえない。どんな生き物もその「力への意志」に応じた仕方で（相関的に）世界を「生成」している。

人間も基本の事情はもちろん同じである。しかし、人間には大きな違いがある。個々の人間は、それぞれ自分の身体や欲望に応じて自分の「世界」を生きている。つまり各人は、自分に独自の世界を生成している。しかし人間だけは、言葉を使って互いに自分の生きる世界を交換しあう。そのことで、他者たちも自分と同じような世界を生きていることを知る。このことが人間だけに「客観世界」という独自の「想定」をもたらすのである。

すなわちニーチェの認識論、存在論では、「客観存在」とはなんら実体的な存在者ではなく、ただ、世界を経験する個体（主観）と個体（主観）の関係によって生み出された、一つの想定にすぎないのである。つぎの引用がカギとなる引用である。

「客観」は主観から主観へとはたらきかける一種の作用にすぎず……主観の一様態であるとの仮説。（『権力への意志』下、原佑訳、ちくま学芸文庫、一〇四ページ、§569）

この箇所でニーチェが言わんとしていることは、後で、間主観性の解説で出てくるヴィトゲンシュタインの「かぶと虫」の話とぴたりと符合しているので、そこでもういちど確認してほしい。

要するに、「客観世界」それ自体、つまり「物自体」は、誰にも経験されることのない世界であり、それゆえ実在せず、人間だけがもつ共有された「想定」の世界なのである。

ニーチェの認識論、存在論を総括するとこうなる。「存在それ自体」というものはそもそも背理である、「存在するもの」とは「存在者」自体ではなく、どこまでも、生き物、その欲望−身体、生の力、力への意志に応じて「経験されるもの」、つまり「諸性質」「諸関係」「時空性」、その意味と価値の現われの総体にほかならない。

事物それ自体というものはない。世界それ自体というものもない。それらは、本来、「生き物」の生とその経験の相関者である。そして人間だけがその経験を言語によって共有し、世界それ自体、客観それ自体という「想定」を共有する。

世界はさまざまに解釈できるという相対主義の世界観は、まず世界自体を前提し、そこにさまざまな視点の存在を想像することで可能になっている。ニーチェの思想は、こうした相対主義的遠近法の見方を逆転したものであり、一切の存在が、生の力の相関者であるという未曽有の思想なのである。*

＊仏教哲学の『中論』（ナガールジュナ）などにこれと似た「相依性《そうえしょう》」の概念があるが、じつはここでは「真理」の観念が絶対的に前提されている。

さて、多くの人はこう問うかもしれない。ニーチェは「本体論」を解体した。ではニーチェは「世界」はじつは存在しないと主張するのか、と。もちろんそうではない。「世界はじつは存在しない」という論証なら、すでにゴルギアス以来、無数の思弁的論証がある。それは相対論理を習い覚えれば誰でも作り出せるような数あるキベン論の一つにすぎない。「世界それ自体」「物自体」が存在しないとは、「世界それ自体」「物自体」「客観自体」という観念の虚妄を指摘するのであり、世界の存在を否定したり、論証したりするのではない。このことが十分に理解できれば、ニーチェ思想のエッセンスをつかんでいることになるが、これにはもう一段まわり道が必要である。

世界の「本体」は存在しない。「物自体」「客観自体」も存在しない。しかしそれは「世界」の非存在を意味しない。この考えは、ニーチェの「力相関性」の思想がフッサールの

「客観性」の背理の考えに受け継がれ、世界認識とは「共通確信」の成立であるという現象学の認識論にまで進んだとき、はじめて完全に理解されることになる。

現代哲学において、フッサールだけがこのニーチェの「本体の解体」の思想を相対主義ではない仕方で受け継いだ（直接の影響関係はない）。「本体論の解体」という土台の上で、いかに哲学的な普遍認識の可能性を見出すことができるか。

以後われわれは、フッサールが『イデーン』において現象学的還元という方法をどのように展開したかを、詳しく見ることにしよう。

5　「確信成立の構造」の解明

まず何より心にとめておくべきことは、フッサールによる認識論の解明の根本アイデアは、一切の認識を主観のうちで成立する「確信」と見なす点にあるということだ。この根本発想が、「リンゴ→赤い、丸い」という「客観」から「主観」への視線を、「赤い、丸い→リンゴの存在確信」へと逆転する「現象学的還元」の見方を導く。

なぜこのような自然的な見方を逆転する発想が必要なのか。繰り返せば、その理由は、人文領域の認識は「事実の認識」ではなく「本質の認識」であり、そのためなによりまず、さまざまな異なった考え（確信）が成立する、認識の本質構造が解明されねばならないからである。

もういちど言うと、「社会」の普遍的認識とは、社会的事実の認識ではなく、何が社会にとって「善」であり「正義」であるか、すなわち「よい社会とは何か」という問いを本質的に含む。

この領域では、たとえば、なぜ宗教上のあるいは政治上の異なった信念が現われるのか、なぜ人文科学の分野において学説の並立と対立が生じるのか、ということが本質的な仕方で把握されねばならない。このとき「事実の正しさ」をあらかじめ前提するならわれわれはただ独断に陥るだけである。まさしくこのために、「主観」と「客観」の一致という古い認識構図は廃棄されねばならない。つまり、客観→認識（主観）という構図を、主観の経験→確信（信念）の形成という構図へと転換する必要があるのだ。

だが、この現象学的還元の方法の要諦は、そのようなものとして十分に理解されていない。すでに見たフッサールとハイデガーの不幸な師弟関係を別にすれば、その第一の理由は、なによりフッサールのテクストの難解さにある。第二の理由は、フッサールが主著『イデーン』のテクストで、「確信」の形成という言葉を使っていないことである。

フッサールは「確信」Gewissheit あるいは「信憑《しんぴょう》」Glaube という言葉をほとんど使わず、その代わりに「妥当」Geltung（妥当の成立）あるいは「定立」Thesis という言葉を用いている。このことが、「現象学的還元」とは、意識内での「対象確信の構成」の解明であるという理解を大きく妨げている。それゆえ、もし読者が、自発的に、フッサールの「妥当」や「定立」という用語を、「確信」あるいは「確信の成立」と置き換えるなら、フッサールの記述の難解さは大いに軽減され、多くの読者は、現象学的還元の方法の意味を明瞭に受けとることができるはずである。

右のような理由で、ここでも私は、『イデーン』のテクストの読解を助ける上での一つの補助線を引いておきたい。『デカルト的省察』『危機』などの後期の著作の中では、現象学の探求が、対象の「存在確信」や「世界確信」の構成の記述であることを、フッサールが明瞭に述べている箇所が多く見られる。そこで典型的な箇所をいくつか引いて、簡単にコメントをおいてみようと思う。

(1)『デカルト的省察』

《わたしが、このような生全体を超えて、世界そのものを単純に存在するものと受けとるようないかなる存在信憑をもつこともさし控え、その世界そのものについての意識としてのこの生そのものにもっぱらわたしのまなざしを向けるとき、わたしは、わたしの意識作用の純粋な流れをもった純粋自我としてのわたしを獲得するのである。》（8節　201ページ）

（超訳）現象学的還元を遂行するとは、世界が客観存在するという自然な存在確信をいったん中止することにほかならない。つまり、現象学的還元とは世界の「存在信憑」を「さし控え」ることを意味する。このことで私は、自分の主観＝意識の領域だけに注意を向ける。そこは純粋な意識の流れの領域だが（純粋意識）、この還元の遂行によって私は、自分の意識に生じている「事象自体」を内省的に洞察することができる。

《それと同時に、予測の中にまでおよんでいる存在信憑が充実されないという可能性、すなわち「それ自身」というありさまで現われているものが、そのようなありさまで現われているにもかかわらず、存在しない、あるいは別ものであるという可能性が、つねに開かれているのである。》（28節　244ページ）

（超訳）対象認識とは、対象の存在確信が意識のうちで構成されることだが、いまたとえばリンゴだと思って見ている対象が、よく見ると違うものだったという可能性が必ず存在する。つまり構成される対象確信は、経験の推移のうちで変化するという可能性をつねに原理的にもっている（これはノエマの原理的可疑性のこと）。

《事実、最も広い意味での対象〔実在的事物、体験、数、事態、法則、理論など〕がわれわれにとって存在するということ（略）、そのことが意味しているのはただ、そのような対象が、わたしに対して妥当するということ、いいかえれば、そのような対象がそのつど、ある信憑の定立的様相において意識されている意識対象として、わたしの意識にとって存在する、ということにすぎない。》（26節　242ページ）

（超訳）いっさいの対象の存在は、それらが私の意識のうちで妥当しているということ、いいかえれば「対象確信」（信憑の定立的様相）として成立している、ということを意味する。

(2)『危機』

《まず前もってあるのは世界である。すなわち、たえず存在確信と自己確認のうちであらかじめ与えられている、疑いを容れない世界が先行している。》（55節　341ページ）

（超訳）誰もが世界が客観的に存在するという自然な確信をもっている。

《生活とは、たえず〈世界確信のうちに生きる〉ということである。〈目覚めて生きている〉とは世界に対して目覚めているということであり、たえず現実的に、（略）世界の存在確実性を真に体験し、現に遂行しているということである。》（37節　255ページ）

（超訳）生活世界の中で生きているとき、私は世界の現実存在、またその中のさまざまな対象の存在とその様相を自然に「確信」している。この「世界確信」は、内在的意識のうちで不断に構成されているものである。

《存在であろうと仮象であろうと、それは、当の主観が事実上たとえば一つの知覚を遂行しているということ、「ここにこの樹がある」という意識をもっているということ、そしてそのさい彼が、知覚の本質に属するところの端的な確信、つまり端的にそこに存在しているという確信をもっているということをなに一つ変えることはない。》（69節　425ページ）

《すべての作用は、作用している人にとってその時どきの内容をもった確信態であるか確信態の諸様相（不確信態、推測態、空無態）であるか、なのである。しかし（略）たとえば、存在確信は価値確信とは異なるし、この両者はまた実践的確信（たとえばあるもくろみについての確信）とは異なっており、それぞれがその諸変様態をもっている。》（69節　425ページ）

（超訳）いっさいの認識は、内在的意識のうちで構成された対象確信だが、この確信構成は、単に事物の存在についての確信だけでなく、事物の対象性についてのさまざまな価値感情とその強度についての確信だったり、また何かを為すべきだとする実践的な意志の確信であったりする。

《各人の世界意識は、すでにあらかじめ、すべての人、つまり知っている人も知らない人も、おそらく出会うことになるであろうすべての主観（略）にとって同一である世界についての、しかも存在確信という様態での、意識なのである。》（71節　453ページ）

（超訳）すべての人間が、そうした仕方で世界とその対象についての確信を主観のうちで構成しているが、またすべての人間が、他人もまた自分と同じ世界についての確信をもっているという間主観的な相互確信を構成している。このことが、われわれはすべて同一で唯一の客観世界のうちで存在しているという自然な世界確信を不可疑なものとしている。

＊ここでの主な用語の独語は以下。存在信憑 Seinsglaube、確信の様相 Modus der Gewissheit、信憑の定立的様相 positionaler Modus des Glaubens、存在確信 Seinsgewissheit、確信態 Gewisssein、世界確信 Weltgewissheit、「生とはたえず世界確信のうちに生きること」Leben ist ständig In-Weltgewissheit-Leben. また、本書での現実存在は Dasein（現に存在すること）。

6 エポケー、還元、純粋記述　内在と超越　不可疑性

さて、やや遠回りをしたが、ここからいよいよフッサールの「現象学的還元」の方法の具体的説明に入ろう。

すでに触れたように、フッサールの高弟たちに、すでにフッサールの基礎概念についての大きな誤解や混乱がある。オイゲン・フィンクによれば、フッサールの「構成」の概念が示すさまざまな意味はつねに「錯綜しあって揺れ動いている」だけでなく、「現象」「エポケー」の概念も明確に定義されておらず「操作的概念」というほかない。

もう一人の高弟ラントグレーベもほぼ完全にフィンクに同意する。ロマン・インガルデンも「純粋概念」が明確に定義されないと主張し、さらに「志向性」の概念についても、これをめぐって現在アメリカ「西海岸解釈」と「東海岸解釈」の間で解釈の対立がある（『現代現象学』植村玄輝ほか編著、新曜社参照）。

しかし、見てきたように「構成」の概念は、意識内での対象確信の構成以外を意味することはありえず、またその他のフッサールの主要概念は、これから示すように、現象学的還元を対象の確信構成の構造と条件の解明と理解するかぎり、不明であいまいな点はまったくない。

ここから現象学的還元の方法による認識問題の解明のプロセスの解説に踏み込むが、とくに、現象学の中心概念のそれぞれを明確に定義しつつ、それを進めようと思う。このやり方が、一般読者の『イデーン』の解読にとって最も助けになるように思えるからだ。

以下に現象学の最も中心的な概念をおいてみた。用語自体もまたそれについてのフッサールの解説も難解だが、その内実は決して難解なものではない。これらの概念の一つ一つをよく理解できれば、読者は、現象学的還元という方法の要諦を十分に把握することができるはずである。

①「自然的態度」「エポケー」「現象学的還元」
②「純粋意識」「現象学的内省」「純粋記述」「世界の一般定立」
③「意識の本質構造」（四つの対概念）
「コギタチオ－コギタークム」「コギターツム」（ノエシス－ノエマ）「志向体験－志向対象」「体験－事物」「内在－超越」
④「射映」「連続的調和」
⑤主観性と間主観性

①「自然的態度」「エポケー」「現象学的還元」

「自然的態度」は、世界とその中の諸事物（私を含め）は客観的に実在する、という誰もがもっている自然な世界像のこと。「エポケー」はこの自然的態度をいったん中止すること。括弧入れ、遮断、判断中止、エポケーなどはすべて同義。

すなわち「リンゴがそこに依存するので」というはじめの前提を留保（中断）する。そのことで、「リンゴがあるので、赤い、丸いが見える」という自然的見方から、「赤い、丸いが見えるので、リンゴの存在確信が生じる」という「現象学的還元」の視線への変更が可能になる。

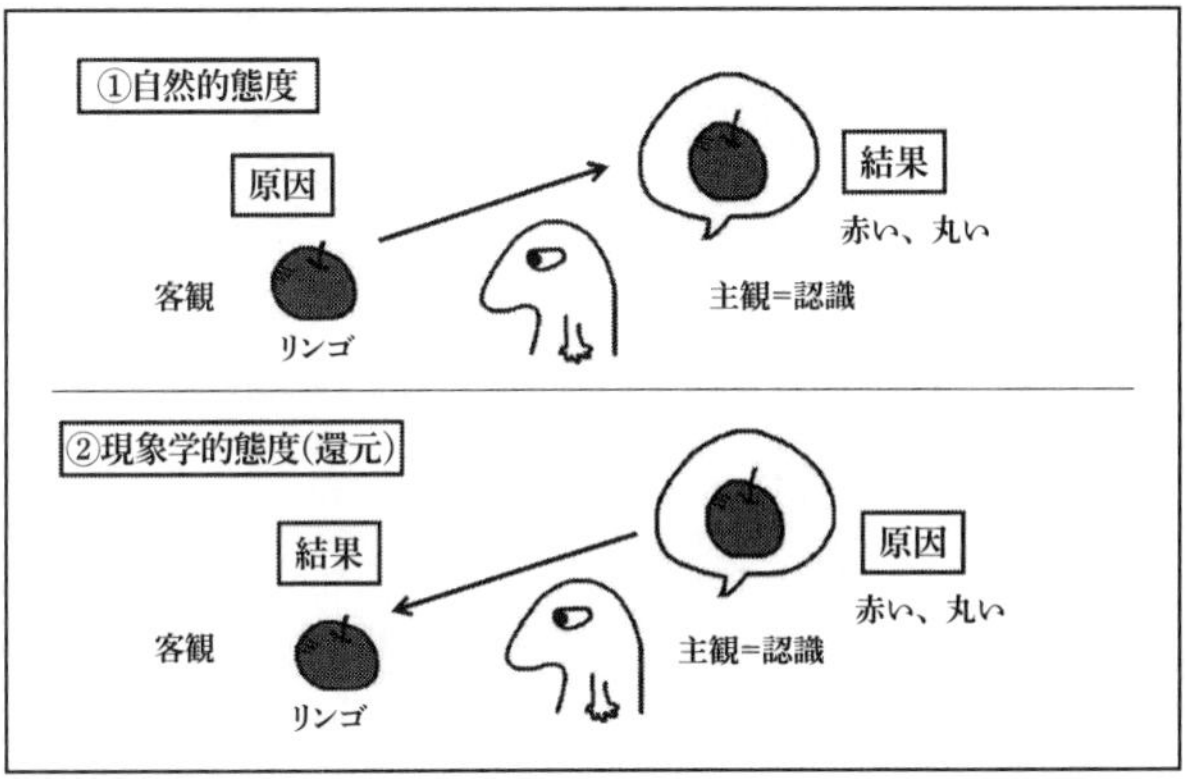

（図①）　現象学的還元の構図
①自然的態度　「リンゴが存在するので（原因）赤い、丸いが見える（結果）」
②現象学的態度（還元）「赤い、丸いが見えるので（原因）、リンゴの存在を確信する（結果）」
＊①の態度を②の態度へと「還元」する

すなわち「現象学的還元」とは、世界の客観存在の措定を中止し、すべてを主観の意識（＝純粋意識）の事象へと還元すること、そしてそこで、対象の現実確信が構成されるその構造を観て取ること、を意味する。（★図①　現象学的還元（視線の変更）の構図）

②「純粋意識」「現象学的内省」「純粋記述」「世界の一般定立」

・「純粋意識」「現象学的内省」

「純粋意識」は「現象学的な意識」。つまり対象認識のありようを還元の視線によって現象学的な態度で確かめようとする「意識」のこと。そもそも「純粋意識」といったものは存在するのか、といった疑問を言う者もあるが、還元が視線の変更だということが理解できないために、何か特別の仮構された概念と思い込んでいるのである。

誰もがごくふつうに、いま現にもっている「意識」(体験流)のことだから、「現在意識」と呼ぶと分かりやすい(『欲望論』で私は「現前意識」を使っているが、本書では主として「現在意識」を使うことにする)。これを内省(反省)して確信の構造を観取するのが本質観取。

いま自分にリンゴが見えていてリンゴの存在を確信しているが、この確信がどんな具合で成立しているのかを、もういちど内省的に確認してみる。これが本質観取による「現象学的内省」である。

・「純粋記述」

この純粋は現象学的という意味。「純粋意識」が現象学的意識を意味するのと同じ。つまり「純粋記述」は現象学的な内省による確信構成のありようの記述、という意味。図で示されている「主観の風船」の内部のありよう、つまりそこで対象確信が成立するありようを内省的に記述することである。

ちなみに、この対象確信の成立の記述は、どこまでも自分の「内在意識」(純粋意識も現在意識も同じ意味)の内省的記述なので、この内在意識を示すとき、とくに「意識」と括弧でくって表記することにする。

これも具体的な例を出そう。

私はいま、リンゴを見ながらリンゴの存在を確信している。この確信はどのような条件で成立しているだろうか（構成されるか）。これを誰でも「意識」を内省して取り出すことができる。すなわち、
①私の「現在意識」に、赤い、丸い、つやつやという感覚が現われていること。②この感覚（像）は想像や想起の像とは違って、「ありありとした感覚」（顕在的）であること。③この感覚は私が目を閉じたり身体を移動したりしないかぎり「意識」に現われ続けていること。つまりこうした感覚が、「知覚」の感覚として与えられていること。
こうして、誰であれ自分の「現在意識」のありようを内省的に記述することができる。これが「純粋記述」。『イデーン』でのフッサールの記述は、その大部分が、現象学の認識論的意味の解説ではなく、フッサール自身の内省による対象確信の構成についての「純粋記述」である。このことは超解読を読み進めば容易に理解されるはずだ。

・「世界の一般定立」
こうして諸対象と世界の存在は、現象学的には、「現在意識」つまり「主観の風船」の

うちで形成（構成）された対象確信、世界確信の意識である。しかし、ふつうは主観の風船の中で形成されたものという意識はなく、自然で自明な、世界と対象が現実存在しているという意識となっている。対象と世界の現実存在についてのこの自然な確信が「一般定立」と呼ばれる。自然な世界確信の成立、ということ。

③「意識の本質構造」四つの対概念――「コギタチオ－コギターツム」（ノエシス－ノエマ）「志向体験－志向対象」「体験－事物」「内在－超越」

『イデーン』の読解に当たっては、必ずつぎのことを注意している必要がある。すなわちこの四つの重要な対概念は、「同じ一つの構造を違った言い方で示したもの」にすぎないこと。このことは注意深く読まないと、ふつうはなかなかうまくつかめない。そのため、意識における違った諸事態がつぎつぎに語られているように読めるのだ。

しかし、実際には、フッサールは、対象確信の形成の基本構造を、つぎつぎに違うニュアンスで語っているにすぎない。このことをよく留意しておけば、『イデーン』の解読をおおいに助けるはずだ。私の超解読もそれが読み取れるようにできるだけの工夫をしている。

まず「コギタチオ－コギターツム」。これは最も重要な基礎用語なので、図②を参照。*

＊フッサールは「ノエシス－ノエマ」をほぼ同じ意味で使っているが、解説で両方を使うと煩瑣になるので、ここではコギタチオ－コギターツムで通すことにする。

エポケーによって客観存在としてのリンゴという想定は括弧に入れられる。すると内在意識＝純粋意識の領域（＝主観の風船）だけが問題になる。ここで「コギタチオ」は、赤い、丸い、つやつやというありありとした感覚の現われのこと。そして注意深く内省すると、われわれはこの諸感覚から「一つのリンゴ」の現実的な対象意識を受けとっている（構成している）ことが分かる。

ここで重要なのは、「一つの赤いリンゴ」という対象存在の意識は、じつは「現在意識」それ自体（コギタチオ）のうちには存在せず、ただ「構成された対象意識」として現われているということだ。ここがいちばん分かりにくいところだが、逆にいうと、ここさえ理解できると、フッサールのいう一切の認識は「確信構成」である、という言葉の意味が十全に理解されるはずである。

机を例に取ろう。いま私は机を見ている。私に見えているのは、机の表面、前の脚の部分だが、表面はたぶん台形や平行四辺形で見えていて正確な長方形としては見えていない。さらに私には机の裏側は見えていないし、後ろの脚の一部も見えていない。しかし私

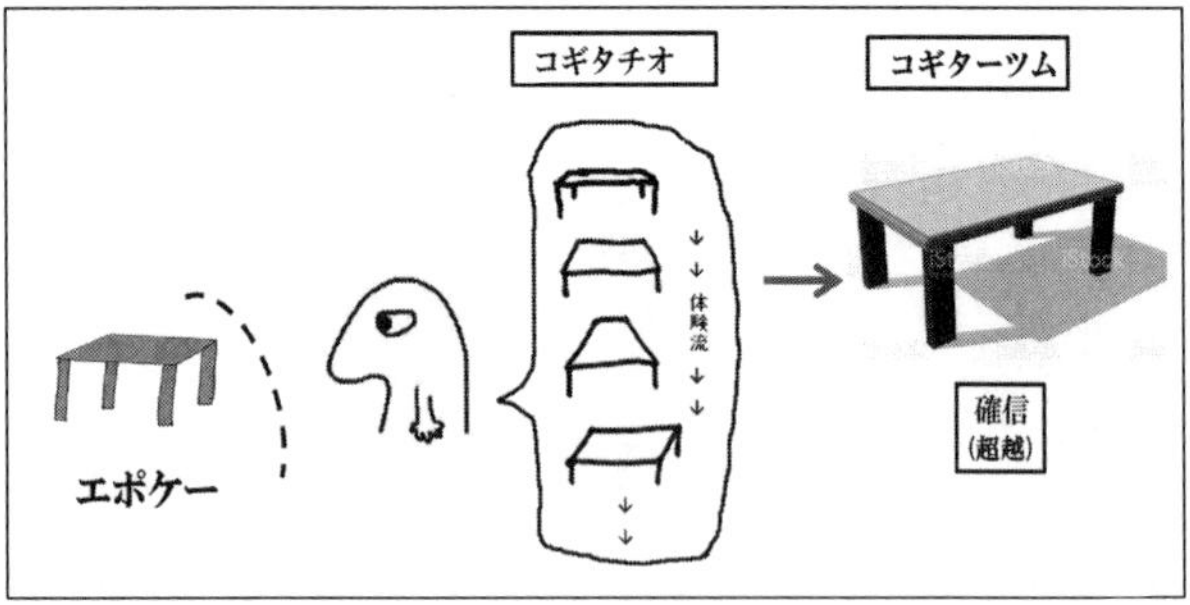

（図②）
コギタチオでは、さまざまな角度からの机が見えるが、長方形の机は実際には見えていない。しかし構成されたコギターツム（対象確信）は、「長方形の机」。

は机のありようを一瞥《いちべつ》しただけで、「長方形」、「四本脚の机」全体を認識しその現実存在を確信している。（★図②）

繰り返すと、私が実際に知覚しているのは（コギタチオ）、台形や平行四辺形の机の表面、脚の一部などである。しかし私が認識＝確信しているのは、「一つの長方形の机」（コギターツム）である。つまり、私は一瞥的な知覚によって「一つの長方形の机」を認識＝確信している。だが、この「一つの長方形の机」という認識（コギターツム）は、厳密には私が「意識」の中で作り出している「一つの対象」の想定であって、私が実際に知覚しているもの（コギタチオ）を「超えたもの」だということが理解されるはずである。

これが、フッサールによる「対象確信の構成」の基本構造「コギタチオ－コギターツム」である。

もう一度整理しよう。私は目の前にある机を一瞥する。私が実際に知覚するのは、平行四辺形や台形の机の表面、脚の一部である。しかし私は（それまで机を何度も見た経験から）、そこに一つの長方形の机が存在しているという認識（＝確信）をもつ。「一つの長方形の机」という対象確信（コギターツム）は、つねに、必然的に、実際に知覚されているもの（コギタチオ）以上のもの、それを「超え出たもの」である。これが「コギタチオ－コギターツム」の構造である。

さて、しかしフッサールは、この基本構造を、少しずつ違った力点で、また違った用語を使って、繰り返し詳細にその描写を試みている。それが、「志向体験－志向対象」「体験－事物」「内在－超越」である。

この、同じ構造を、違った観点から詳細に描写することの反復が、『イデーン』を異様に難解なものにしている。それゆえ、これらの対概念が、結局「コギタチオ－コギターツム」の変奏形にすぎないことを理解しつつ読み進むことができれば、読者はフッサールの難解な用語の中で道に迷わずにすむはずだ。

これらの主要な四つの対概念をシンプルな表にして示し、そのニュアンスの違いを解説しておこう。

「コギタチオ」――「コギターツム」→基本形。
「志向体験」――「志向対象」→コギタチオ－コギターツムの言い換え。
「体験」――「事物」→内在的意識とそこで構成された対象確信。
「内在」――「超越」→内在的事象は不可疑、構成された超越的対象はつねに可疑的。

・「コギタチオとコギターツム」

これが対象確信の構成の最も基本的な構造。

コギタチオは、「現在意識」で現に生じている意識事象。「事象自身に還れ」というよく知られた現象学の標語での、「主観＝意識」における「事象自身」のこと。つねに変化し経過しつつ現われてくる感覚与件の流れ（体験流）。

リンゴの知覚で言えば、「赤い」「丸い」「つやつや」などの感覚内容。そしてこの感覚内容は意識内に実際に存在する＝現認できる（実在的とはいわず、「実的」という）。これらの感覚が所与されると、われわれはそれを「リンゴ」という「同一対象」の一側面だと思う。すなわち、「赤い、丸いが見えるので、そこにリンゴが存在するという対象確信が生じる（構成される）」。これがコギターツム。（★図③）

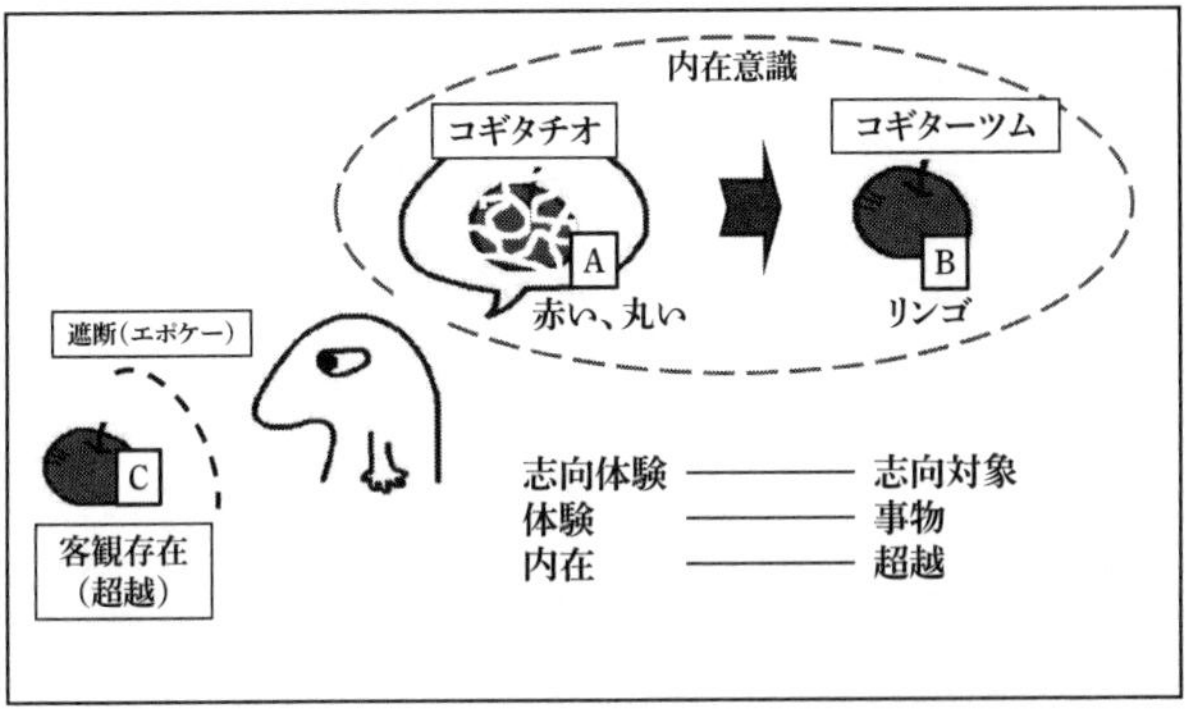

(図③)
還元された内在意識における「確信成立（構成)」の構造。
「リンゴが存在する」はエポケーされ、コギタチオ（赤い、丸い）と、そこから現われる「リンゴ」という対象意味（コギターツム）の構造となる。このコギタチオ－コギターツムの基本構造が、志向体験－志向対象、体験－事物、内在－超越と変奏されるが、違う側面から説明しているだけで、内実は同じであることに注意すべし。またこの構図は、35節以降のフッサールの還元の遂行のテクストを読む際、つねに念頭において読み進めることを勧める。

・「志向体験－志向対象」

これは「志向」という語の意味が分かればよい。「志向」的は、意識がそれに向けられている、あるいはそれを狙っているというニュアンス。「志向体験」は、意識が赤いや丸いに向けられているその体験、すなわち「コギタチオ」。「志向対象」は志向された結果現われた対象と読む。赤いや丸いという志向体験をとおして、確信として現われたその対象。すなわち「コギターツム」。

・「体験」と「事物」

ここでの「体験」は「現在意

識」の体験のこと。つまり「コギタチオ」。これに対して、「事物」はそこから構成された確信対象、あるいは対象の確信、つまり「コギターツム」。図③で、Bがそれに当たるが、客観的立場をとれば、Cも「事物」と呼ばれるからこれがやや紛らわしい。

この構図のフッサールの説明も十分明快ではない。Bは、内在意識で構成された「コギターツム」。これが、自然的、客観的な見方としてはC、「事物」（=超越物）となる。

超解読部分でもういちど解説をおくが、「内在意識」（「体験」）においてつねにコギタチオからコギターツムが構成される。このコギターツム、つまり構成された対象確信の意識Bを、われわれの自然な見方は客観的な「現実存在」と見なす。だから、われわれがふつう現実の事物（C）と呼んでいるものは、じつは構成された対象確信Bのことですよ、というのがフッサールの構図。

・「内在」と「超越」

「内在－超越」という構図には重要な力点がある。「内在」つまり意識体験の領域（コギタチオ）で生じていることは「不可疑」であること、「超越」、つまり構成された対象確信（コギターツム）には、本質的に「可疑性」があること。

意識体験での「赤い、丸い」の感覚、私がいま赤いもの、丸いものを見ているという感覚自体は、疑えないし、疑うことに意味がない。しかし構成された対象確信、これは「リンゴだ」は、よく見てみるとレプリカだったとか、赤くて丸い別の果物だったということは、必ず起こりうる。

このことは、確信の最終地点というものは存在しないこと、また、人間の認識が絶対的な終点をもたず、それゆえ「超越」と呼ばれることを示している。

もうひと押しすると、第一の例は、リンゴだと思っていたがよく見たらレプリカだった。第二の例は、ニュートンの万有引力の法則は絶対だと思われていたが、測定技術の進歩によってアインシュタインの相対性理論がより普遍的だと分かった。第三の例は、完全に人間だと思って話していたらじつは精密に作られたアンドロイドだった（SF的想定）。

要するに、人間の認識は、どこまでも、本質的に、意識体験（コギタチオ）から構成される対象確信（コギターツム）である、という根本構造をもつ。だからいかなる場合でも絶対的な認識というものはなく、つねに、じつはそうではなかったという認識の変更の可能性がある。このことが、内在－超越という構造によって明瞭に示される。

こうして、「コギタチオ－コギターツム」という基本構造がつぎつぎに三つのバリエーションで説明されているため、ひどく複雑に聞こえるのだが、その基本型自体はむしろシンプルであることが分かるはずだ（じっさいそれは、「主観の風船」とその中での「コギタチオ－コギターツムの構造」という、図3の一枚のスライドで示せる）。

④「射映」「連続的調和」

・「射映」

「射映」は、意識において「コギタチオ」が現われ出るその仕方のこと。一軒の家を見る、という体験をモデルにすると分かりやすい。

一軒の家の全体を見ようとして、自分が動いてさまざまな角度からそれを見るとする。その「見え方」はどんどん移り変わっていくが、家のまわりをぐるりと回ることでその全貌がほぼ分かる。

この体験において、対象（家）はその全体を一挙に意識に現わすことはありえない。たださまざまな側面がつぎつぎに現われてくるだけだ。これはリンゴでも、家でも、もっと複雑な対象でも（また一つの文章を読むような場合でも）同じである。知覚体験では、対象は「意識」にその全体を一挙に現わすことはなく、必ず、少しずつつぎつぎに、という仕方で現われる。これが「射映」である。

これに対して、「コギターツム」、対象確信の意識は、少しずつつぎつぎにではなく、つねに一挙に与えられる。

さて、一軒の家を見る場合、いま正面からしか見ていないときでも、いまはまだ部分しか見えないがしかしある「一軒の家」を見ている、という確信がすでに生じている。ぐるりと回って見るとき知覚体験は進むが、私は「同じ家」を見ているという確信をずっともっているわけだ。ただ知覚体験の進行によって、その家がどんな家であるかの内実が、体験の経過とともに「豊かになっていく」のである。

だから、射映は少しずつつぎつぎにというコギタチオの現われ方（与えられ方）の性格を意味する。

もう一つ例を挙げよう。「夕暮れの柳の葉が風にゆらぐのを見て、私は幽霊がそこにいると思い恐怖の叫び声を上げた」。風にゆらゆらとゆらぐ薄闇の中の柳の葉は射映的なコギタチオ、それを見て「幽霊だ」と思った対象確信はコギターツム。そして、もっとよく見るとそうではなかったは、対象確信の変更。

・「連続的調和」

「連続的調和」の概念はたいへん重要である。対象確信の本質構造をひとことで言えというなら、ほぼこの言葉に集約されるからだ。対象確信が持続的に維持される条件は以下の三つ。

1　ある感覚が知覚像としてありありと「意識」に現出していること。
2　この現出が明瞭な対象確信を作り出していること。
3　対象確信が破綻なく「連続的調和」を持続していること。

つまり、知覚像のありありとした「意識」への現出が、明瞭な対象確信を構成し、それが破綻なく（調和を維持して）持続する間は、われわれは必ず対象の現実存在の確信を自然にもちつづける、ということである。

「赤い、丸い、つやつや」のありありとした感覚を見て「リンゴ」だと思ったが、触ってみるとビニールで作られた本物そっくりのレプリカだった。これが連続的調和が破れる場合である。

⑤主観性と間主観性

現象学の認識論の解明は二段階のプロセスをもつ。つまり現象学的還元は「主観的還元」と「間主観的還元」という二種類をもつ。

まず「主観的還元」。これは見てきたようなリンゴや机などについての対象確信の構成の記述。個人の主観の中で、対象確信がどのような条件で成立するかを内省的に確認する。

つぎに「間主観的還元」。これはほとんどの場合誤解されている。対象確信をもつ個々の主観の集合態を意味するのではない。こうである。私はここにリンゴが現実存在しているという確信をもつが、同時に私は、他者たちもまた私と同じくこの「リンゴ」の現実存在を確信している、という「他者の確信についての確信」をもつ。つまり「他者も自分と同じ対象確信をもっているという私の確信」。

一見ややこしく感じるかもしれないが、ごくふつうのことだ。いま私が机の上の赤いリンゴを見ている。このとき私は、リンゴの現実存在の自然な確信をもっている。このとき、誰かがそばにいたとする。この場合私は、リンゴの存在確信とともに、隣の人間もこのリンゴを見、その存在確信をもっているという「暗黙の確信」を必ずもっている。これが他者の確信についての間主観的な確信。

これを理解するうえでの恰好《かっこう》の事例がある。

『哲学的探究』でヴィトゲンシュタインは、次のような興味深い各人の頭の中の「かぶと虫」のエピソードを置いている。

そこで、人は皆或る箱を持っている、としよう。その中には、我々が「かぶと虫」と呼ぶ或るものが入っているのである。しかし誰も他人のその箱の中を覗く事は出来ない。そして、皆、自分自身のかぶと虫を見る事によってのみ、かぶと虫の何たるかを知るのだ（略）。（『ウィトゲンシュタイン『哲学的探求』第Ⅰ部・読解』黒崎宏訳・解説、産業図書、一九九ページ）

この一文は「痛み」の各自性についての一節だが、ヴィトゲンシュタインの直接の意図とは別に、ここからつぎのような「間主観性」の基本構図を読み取ることができる。

各人が頭の中の箱に「かぶと虫」をもつが、誰も自分の「かぶと虫」しか見ることができず、他者の「かぶと虫」を見ることは決してできない。つまり誰もが自分の主観の中に、つまり自分の「世界確信」の中に閉じ込められているのだ。

誰も自分の主観の世界（主観の風船の中）以外を生きることはできない。よく考えるとその通りだ。しかし、人間は言語によって自分の世界経験（世界確信）を互いに交換しあっている。この世界経験の相互交換が、自分は他者たちと同一の世界を生きているという自然な共同世界の確信（間主観的確信）を作り上げているのである。

こうして、各人は、さまざまな対象についての主観的確信を形成しているとともに、他者もまた自分と同じ世界確信を生きているという間主観的確信をもたえず形成し、維持している。このことにわれわれはふだん気づいていないが、間主観的還元の遂行は、この誰もがもつ他者との共通世界の確信構成の構造をわれわれに教えるのである。

ニーチェの解説の部分で私は、世界自体、物自体、客観世界は存在しないという彼の考えは、「世界は存在しない」ということを意味しないと述べた。そして、ニーチェのつぎの文章を引用した。

> 主観のみがあるとの――「客観」は主観から主観へとはたらきかける一種の作用にすぎず……主観の一様態であるとの仮説。（『権力への意志』下、原佑訳、ちくま学芸文庫、一〇四ページ、§569）

この言葉の意味は、ヴィトゲンシュタインの各人の「かぶと虫」のエピソードと重ね合わせることで、たいへん明らかになる。

誰もが自分に固有の「生の世界」、つまり自分だけの「経験世界」を生きている。そして誰も、じつは他者がどのような「経験世界」を生きているかを直接には知らない。すなわちわれわれは、きわめて限定された自分の「主観」の世界をしか生きていない。にもかかわらずわれわれは、誰もが広大な世界の総体の客観存在について、暗黙のかつ強固な確信をもっている。

その理由は、人間がいわば他者との言語ゲームをとおして、互いに他者の生きる世界を交換しあっているからである。この共同的、間主観的な確信の構造によってわれわれは「客観世界」の存在を不可疑なものとして確信しているのだ。

こうして世界の「本体」はないというニーチェの主張は、以下に言い換えられる。誰も「世界それ自体」の存在を認識できず証明もできない。しかし誰もが世界の存在についての強固な間主観的確信をもっており、それゆえ「世界の存在」は誰にとっても不可疑なのである。

人間世界においては、また人間世界においてのみ、「客観世界」は、「主観から主観へと働きかける」作用によって不可避的な確信として形成されるのである。

さて、現象学における「間主観性」の概念は、フッサールの根本動機である認識問題の「解明」という課題にとってきわめて重要な意味をもっている。「主観的還元」は、個人の主観における対象の確信構成の構造を解明するだけであり、これだけでは普遍認識の基礎づけにはならない。これが「間主観的還元」へと展開されることによって、普遍認識の根本条件が解明される。この事情はつぎの節でさらに明瞭になるだろう。

7「世界確信の一般構成」の理論としての現象学（「世界構成の一般理論」）

ニーチェの「本体論の解体」を受け継いだフッサール現象学は、結局、普遍認識の可能性をどのような形で再建したのだろうか。これを私は「世界確信の一般構成」の理論と名づけ、現象学的認識論の全体から取り出せる三つの世界確信の構成の構図として示してみたい。

構図Ⅰ　確信構成の三相
構図Ⅱ　共通了解の成立と不成立の領域
構図Ⅲ　純粋意識（現在意識）の水面と世界の一般構成

(1)構図Ⅰ　確信構成の三相（図★構図Ⅰ）

繰り返し見たように、現象学では一切の認知－認識を「確信の形成」と見なす。およそ人間の認識－確信の形成は大きく三つの区分をもつ。

★構図Ⅰ　世界確信の構成の三相

① 主観的(個的)確信　自分だけの確信

⇒個人的な確信・信念　幽霊を見る　幻視　幻聴　共有されない

② 共同的確信　みなが共有している確信

⇒2人以上　絶対愛　船乗りの伝説　民族の神　世界宗教
⇒共同的にシェアされた確信(妥当)　→　普遍的確信にはなりえない

③ 普遍的確信　普遍的-間主観的確信

共同的確信のうち、あるものは、普遍的確信たりうる条件(構造)をもつ
⇒自然科学　数学の領域　基礎論理学　→　いわゆる科学の「客観認識」

①主観的（個的）確信構成↓　個人のうちにのみ形成される確信。私は絶対に正しい、私だけが「真理」を知っている、私は天才だ、精神的障害の際に現われる幻聴や幻視、私は神だ、など。

②共同的確信構成↓　二人以上、多数の人間に共有される対象確信のありよう。絶対の愛、民俗的伝説、民族宗教、さらに、より広範な共同確信として成立する世界宗教。

③普遍的－間主観的確信構成↓　数学、基礎論理学、自然科学の認識。その他、哲学的原理。

一切の認知－認識を確信構成と見なせば、人間の一切の認識はこのいずれかに分類される。「個的確信」は、自分だけに強固に信じられている対象と世

界確信。「共同的確信」は、多くの人間に共有される世界確信。世界宗教はきわめて多くの人間が共通確信として形成している世界像だが、確信の強度にかかわらず文化的多様性をもち「普遍認識」とはなりえない。

「普遍的‐間主観的確信構成」だけが、客観認識あるいは普遍認識と呼ばれる妥当性をもつし、またそう呼ばれてきた。数学的認識、自然科学の認識、基礎論理学。そして一定の哲学的、社会関係的原理。*

＊形而上学（神など）の証明不可能性、普遍戦争原理、相互承認の原理など。

この確信構成の三つの区分は、伝統的な「主観‐客観一致」の構図を前提とする、普遍認識の不可能性の主張を完全に終焉《しゅうえん》させる。普遍認識（客観認識）は、③普遍的‐間主観的確信の形成という仕方で成立し、それ以外のあり方では成立しない。自然科学の探究は、便宜的に「主観‐客観」の一致の構図を前提するが、厳密にはやはり③のあり方で「客観認識」を成立させる。

哲学的に重要なのは、人文領域における普遍的‐間主観的認識の成立の条件をさらに区分し追いつめること、これが現象学的探究のつぎの課題となる。

(2)構図Ⅱ　共通了解の成立と不成立の領域（図★構図Ⅱ）

一切の世界認識を主観における確信成立と見なすと、人間の「世界像」の構成の根本構造が明らかになる。すなわち、すべての人間の世界像は原理的に二領域をもつ。第一に厳密な共通了解の成立する領域。第二に厳密な共通了解の不成立の領域。

①厳密な共通了解の成立する領域

数学、自然科学、基礎論理学の領域。民族、文化、宗教などに関わりなくあらゆる人間にとって共通の世界認識が成立する。これは客観認識と呼ばれる正当性をもつ。ただし自然科学の領域は近代の自然科学の数学的方法によって作り上げられたもので、近代以前には存在しなかった。

自然科学の共通認識（共通了解）の厳密性は、それが数学的方法による自然のコード化として形成されたことによる。近代以後確立された自然科学のこの方法をフッサールは「自然の数学化」と呼ぶ（『危機』）。数学や自然科学の領域で厳密な共通了解（共通認識）が成立するその理由を補ってみよう。

数学は、理念化された数概念を基礎とする厳密なルールの領域である。「数」とは何か。たとえば人間は「まっすぐな線」を理念化することで「直線」の概念に変える。「まっすぐな線」の意味はどこまでもアナログであって多様である。しかしこれを「直線」の概念へと理念化すると、誰にとっても厳密な「同一性」として措定される。

これと同じで、「一」は一般概念としては多様な意味をもつ（全体、最上、唯一性、分割の一方、全体の一部分など）。しかし数学の世界では、「一」の意味は抽象化され理念化される。つまり、それは順列上の最初、量的に同一な「一単位」、として厳密に規定される。この理念化によって「一」は数となり、万人にとって「同一性」として理解される。つまり、2＋2＝4は、内実は捨象されて形式的な同一性としてのみ理解される。

自然科学は、自然世界のすべて、つまり事物の諸性質を、数学的にコード化された記述の体系として示す。このことで万人にとっての厳密な「共通了解」性を作り出すのである。

②厳密な共通了解の不成立の領域

人文領域における普遍的認識の領域、つまり人間と社会についての哲学的諸原理の領域では、数学的な認識方法は無効である。ここで、厳密な共通了解が成立しない理由は明らかであって、個々人の価値観や感受性は、資質、成育条件、文化、時代などによって必然的に差異が現われるからである。この領域では厳密な同一性が形成されないということが、むしろ認識論上の一つの「原理」として観取される。

ただ、この領域では一切が「相対的である」という考えは素朴すぎる。ここでも構造的な相同性は形成される。善悪、美醜の基準は、文化、社会、個人の感受性などで少しずつ差異をもつが、しかしあらゆる文化で善悪や美醜の秩序は存在し、その構造には相同性がある。この構造的な相同性が、人文領域における普遍的認識と呼べるものが成立しうる根拠なのである。

この領域がまさしく哲学的探究の主題となる領域、人間や社会についての諸原理の領域にほかならないが、ここでは、さしあたり、ヨーロッパ哲学が蓄積してきた重要な諸原理をいくつかあげておこう。たとえば、神の存在証明、形而上学、宗教的な絶対的真理の解答不可能性の原理、自由の実現の原理、宗教の共存の原理（自由の相互承認）、普遍戦争の原理、政治統治の正当性の原理など。

さて、確信構成の構図Ⅱでの、世界像における共通了解の成立と不成立の領域の構造の解明から、つぎのような重要な諸帰結が導かれる。

1　「絶対的に正しい世界認識」（真理）は存在しない。つまり絶対的な「客観」（本体）は存在しない。

★構図Ⅱ　共通了解の成立と不成立の領域図

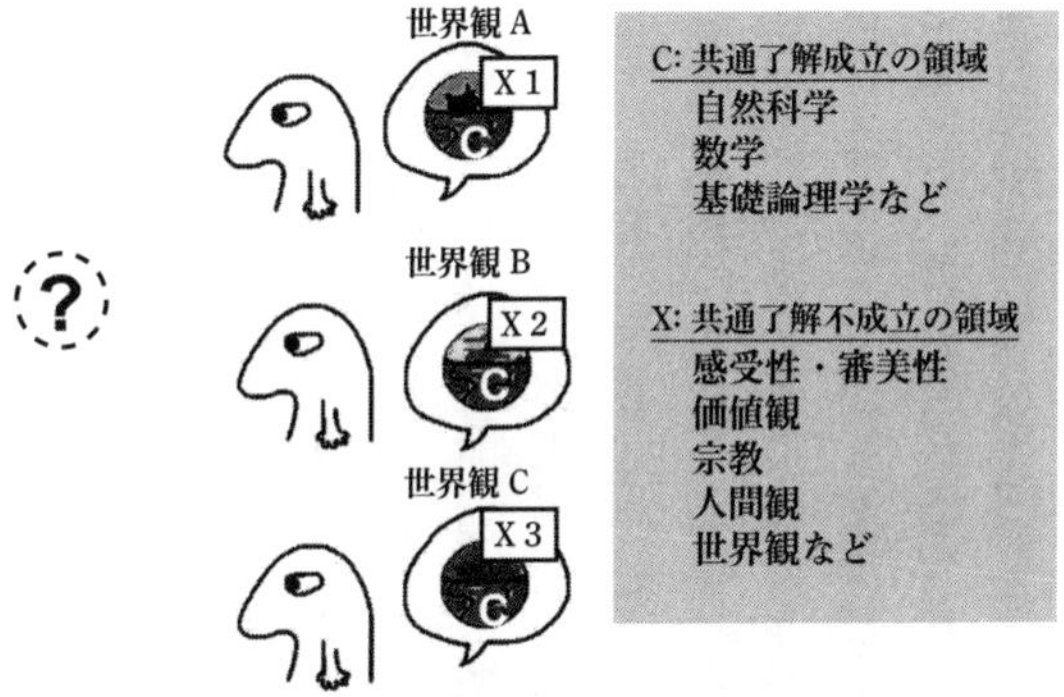

2　にもかかわらず普遍的、客観的な共通認識は一定の条件のもとで成立する。自然世界・物理世界では世界が「客観的に存在する」と考えるのは妥当である。それは人々の間主観的な共通認識の強固な不可疑性として成立する。

価値観、感受性（倫理観、審美性）の領域では多様性が必然的であり、厳密な一致は原理的にありえない。ただし「構造的相同性」は存在する。これが人間や社会的諸原理についての普遍的認識の根拠となる。

3　現象学的解明によって、実在論対懐疑論、普遍主義対相対主義という長く続く対立構図は、「本体」の認識可能性をめぐる議論であることが明らかとなり、それゆえ完全に終焉する。

4 人文領域における「普遍認識」は、存在自体（本体）の正しい認識（存在と認識の一致）によって成り立つのではなく、多様な考え方からの間主観的な共通認識（共通了解）の創出として成立する。これらの項目が普遍認識の成立可能性の一般原則となる。

(3)構図Ⅲ　純粋意識（現在意識）の水面と世界の一般構成（図★構図Ⅲ）

ここまでで、現象学の方法による従来の認識問題の難問、普遍認識は果たして可能か、という問いの解明について、必要なことをほぼ語り終えたように思う。

そこで最後に私は、認識問題の解明としての現象学の方法を総括的に再構成し、これを「世界確信の一般構成」の理論として示してみたい。

『イデーン』における現象学的還元、つまり、確信構成の内省とその記述は、ほとんど机や紙などの「事物」を対象としていた。しかしわれわれの「世界確信」の全体は事物世界だけではなく、さまざまな確信の諸層を形成している。いまこれを大きく、①事物世界、②生活世界（日常世界、公共世界〈一般社会〉）、③文化的・理念的世界と区分しよう（この区分は暫定的であり、さらに詳細な区分が可能）。

世界確信の構成の最も基盤となるのは、いうまでもなく現象学的な「現在意識」、誰もがもつ意識の体験流である。これを内省すると、知覚体験から持続的に構成されている基

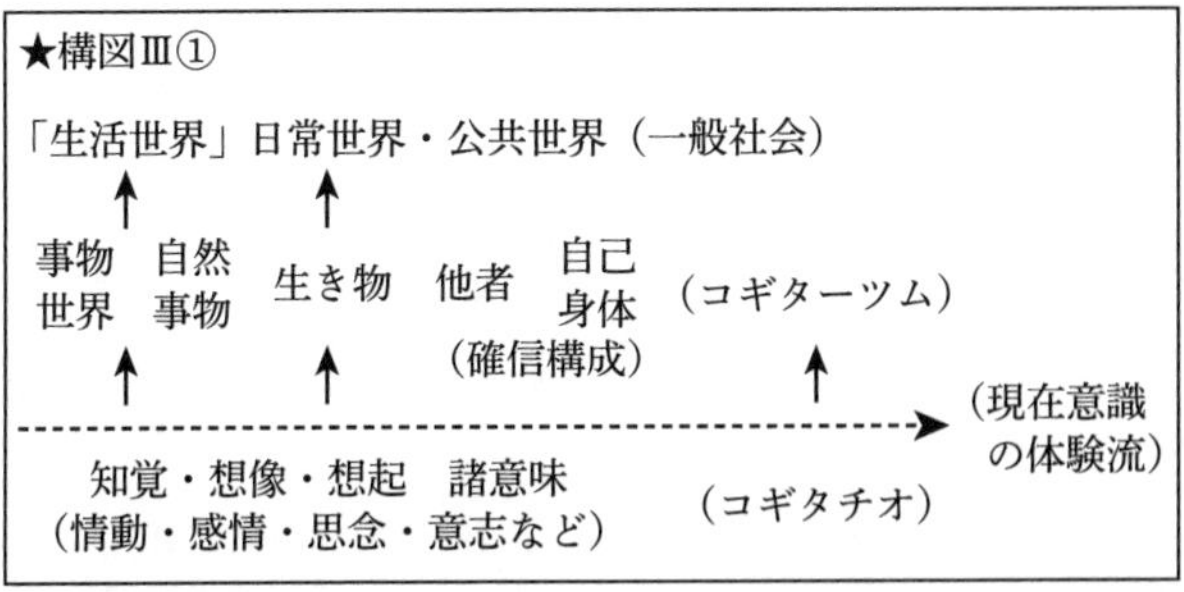

礎的な対象確信は、物理的な事物の世界であることが分かる。

すなわちそれは、椅子や机、家具、部屋、住居、街路や町といった諸事物（事象）である。ここには生き物や他の人間（他者）も含まれる。このうち他者の存在はとくに重要で、それは他者身体という物理的対象であるとともに、他者の「心」（他我）の存在確信をも含み、その確信構成の構造は単純ではない（フッサールの『デカルト的省察』一冊の中心主題でもある）。

ともあれ、他者の存在確信が重要なのは、それが事物的対象とは違って他者の心の存在確信を含み、そのために、事物世界の上位にある「生活世界」の現実性の本質契機となるからである。

つまりわれわれは、いま現にもつ「現前意識」の体験流から、まず事物世界の現実性、そして他者関係による「生活世界」の現実性の確信を、つねに構成し維持している。

その構図は構図Ⅲ①の図として示せる。

ふつうの言い方をすれば、われわれの身のまわりはつねに事物的諸対象によって取り巻かれている。これを現象学的にいえば、この事物世界の現実性は、たえず、私の知覚の働きによって支えられている。知覚的なコギタチオ（諸感覚、諸像の所与）から、たえず事物（事象）の世界というコギターツムが構成されている。

しかしわれわれは、単に「事物の世界」を生きているのではなく、むしろ他者との「関係世界」をよりありありとした現実性として生きている。「現前意識」はいわば第一次的に事物対象を現実存在としてたえず生み出しているが、それを基礎として、他者との関係世界をより根本的な現実性として構成している。これが「生活世界」である。*

＊事物世界と生活世界との関係をさらに本質観取すれば、そこで事物的対象は、むしろ他者との「関係世界」の文脈の中で、そのつどの存在の意味や価値を現わしていることが分かる。それはちょうど、個々の単語が、文章全体のコンテクストの中ではじめてその生きた意味を現わすのと同じである。

いまわれわれの「世界確信」を構成する契機（要素）として、事物世界と生活世界をあげたが、もう一つ重要な契機がある。それが文化的・理念的世界である。この領域は、学的世界、思想、宗教などを含む、文化や芸術的世界を含む。

この領域は、日常的な直接的知覚体験によってその現実性が支えられているのではなく、むしろ一般的な知識や情報によって構成されている世界である（カール・ポパーはこれを「思考内容の世界」と表現した）。

ここでも分かりやすいのは「数学の世界」だ。学校教育で習得しないかぎり人はこの「世界」を所有しない。逆にいうこともできる。もし誰かが認知症になって学校で覚えた九九やその他の数学的規則をすべて忘れてしまったら、つまり数学の規則が「現在意識」に反復的に現われなければ、「数学の世界」はその人間から消失する。またある宗教を信仰していた人間があるとき信仰を捨て去るなら、その人間から信仰の対象としての宗教の世界は消え去る（これについては『イデーン』第28節を参照）。

われわれは主として教育を通して、さまざまな「学的世界」をいわばわれわれの脳裏に所有している。それは学ばなければわれわれにとって存在せず、また現在意識で「記憶の反復」が生じなければわれわれに生成しない。

学的世界は、われわれの全体的な世界像にとってきわめて大きな役割を果たしている。そのことは、文明人の「世界像」と未開の人間の「世界像」の違いを想像するだけで、容易に理解されるはずだ。こうして、人間の総体的な「世界確信の一般構成」の図をつぎのように示すことができる（★構図Ⅲ②）。

★構図Ⅲ②「世界確信の一般構成」

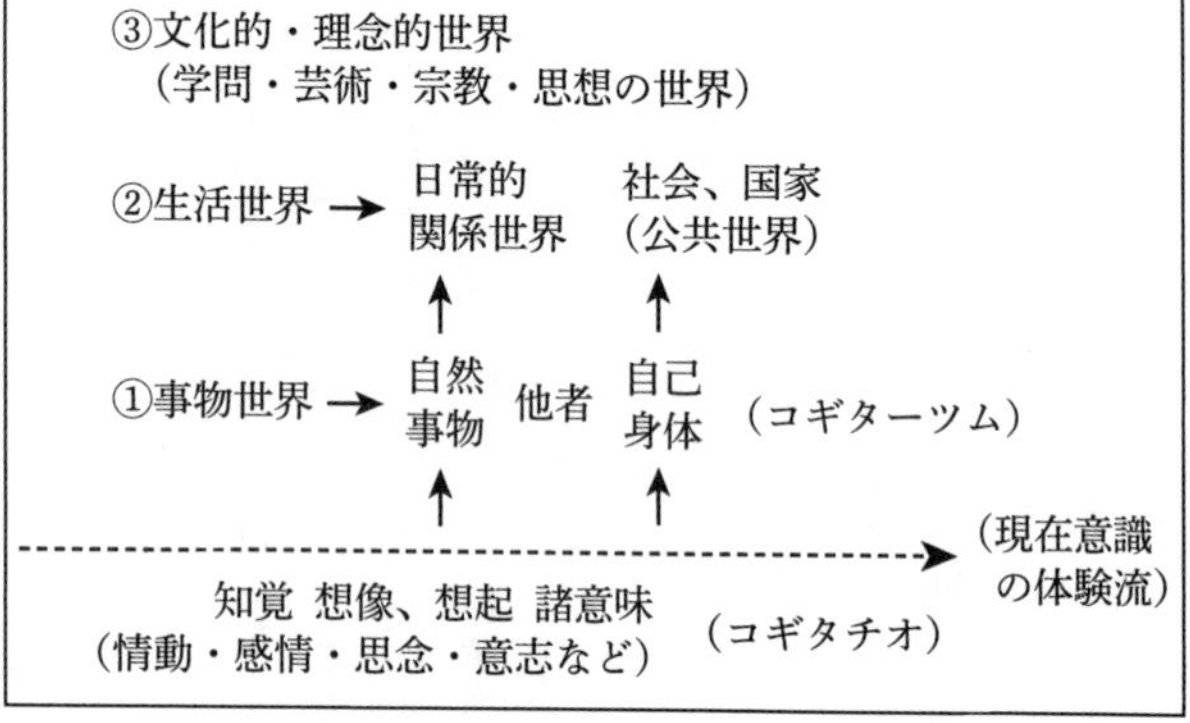

文化的・理念的世界は、事物世界、生活世界と同様に、やはり「現在意識」（コギタチオ）から構成されるコギターツムである。ここでも、現在意識における諸契機の与えられ方が、この世界の存在を生成したり、変容させたり、また消失させたりする。

すぐに理解できるのは、思想、宗教、世界観、人間観としての文化・理念的世界の領域では、自然科学の領域を除いて、各人（共同体）は、大きな差異と多様性をもつことである。

事物世界、生活世界については、人々のうちに多様な個別性があるが、しかしその「現実性」には大きな共通性がある。人々が取り巻かれている事物は客観的な同一性があるし、人々の関係世界の構造にも大きな共通性がある。

ただし、ここで重要なのは、事物世界が生活世界の基礎をなしてはいるが、しかし他者との関係世界を本質契機とする生活世界の現実性が、各人にとって、諸事物のそのつどの意味や価値性を規定しているということだ。その意味で、むしろ現前意識で構成される関係的な生活世界の現実性こそが、価値を含む人間の世界像の基礎的根拠であるといえる。

さて、われわれはこの三層の世界性の特質をもっと詳細に記述することができるが、ここではこれ以上踏み込まない。重要なのは、この現象学による「世界確信の一般構成」が意味するところのものと、その射程である。

第一に、この「世界確信の一般構成」の構図は従来の「世界認識」の概念を大きく「転回」する。なにより、普遍的な世界認識は主観と客観、存在と認識の一致によるという古典的な構図を排絶し、そのことでいまも続いている実在論（独断論）対相対主義の対立を終焉させる。

第二に、この構図は、「事実」の認識と「本質」の認識の領域、つまり「事実学」と「本質学」の領域の区分を明瞭にする。そのことで、現象学は、人間世界の認識が、社会の事実的な認識ではなく、人間の関係世界の普遍的認識であることを明示する。同様に人間の関係世界とは、事実的な存在の世界ではなく、たえず変移する意味と価値の世界であることをも示唆する。

第三に、フッサールは、この人間の関係世界の普遍的認識を「本質学」として定位する。そしてこの本質学の根本方法が、「本質観取」とされるのである。

＊

現象学は、世界認識の問いを、世界の「本体」の認識の問いから「世界確信」の構造の認識の問いへと転換した。まさしく、《生活とは、たえず〈世界確信のうちに生きる〉ということである。》（『危機』37節　255ページ）

このことで、ヨーロッパの認識論は決定的な「パラダイム変換」を蒙《こうむ》り、人間と社会についての新しい「本質学」の道を開くことになる。

現象学による「本質学」は、事物や事象の認識の理論から、関係世界の意味や価値の構成の理論へと進み出る。この理論こそは、社会や文化というものが人間にとってもつ意味、また人間が社会や文化を形成して生きることの意味を普遍的な仕方で解明する哲学の新しいパラダイムとなるだろう。

＊用語についての注→ここでの「志向対象」「志向体験」「内在知覚」「超越知覚」などは、荒井原訳文での「志向的対象」「志向的体験」「内在的知覚」「超越的知覚」と同義。長い術語が多いので勘案した。

解読と解説

第一巻　純粋現象学への全般的序論

▲『イデーンⅠ』あとがき

この『イデーンⅠ』あとがきは、後年この書に加えられたフッサールによるあとがきだが、渡辺訳版の意図を汲み、それにならって冒頭においた。

1

『イデーン』はまだ第一巻が出されただけだが、その根本の意義について述べておく。ここで展開された「超越論的現象学」は哲学的認識の根本的基礎づけの学である。それはかつてデカルトによってはじめて試みられたものだが、ここでもういちど、より徹底的な仕方で試みられることになる。

この課題を遂行するため、われわれは一つの決定的な態度変更を行なう。すなわち探究の領域を超越論的主観性（内在意識）の領域に限定するのである。

この探究は、あくまで形相的な学、ことがらの本質のみを探究する学（本質学）であって、いわゆる経験的な事実の学（事実学）と区別される。すなわちこれは、超越論的主観性の領域の本質構造を徹底的な「アプリオリの学」として解明する試みである。その根本方法は本質観取に基づく洞察、いいかえれば現象学的還元（＝本質観取）の方法による。

『イデーン』第一巻は、現象学的探究の広大な領域の基礎編にあたる。それゆえここでは、方法上の基礎的モデルを提示することが、第一の課題となる。

2

現象学は、一切の学問は哲学的な基礎づけの上に成り立たねばならないということを根本の理念とする。この意味で現象学は、本質的にアプリオリな学問でなければならない。つまり現象学は一切の学問の基礎づけの学として哲学の根本理論でなければならない。しかしそういったからといって、現象学の確立がすべての事実学の完成をもたらすわけではない。それはただ諸学問の方法の礎石の設定を目ざすのである。

このことは、数学というアプリオリな学が科学的学問の基礎づけとして役立つ、という事情に似ている。しかし、現象学による諸学問の基礎づけはもっと根底的なものである。それは数学をも基礎づけるものだからだ。

3

現象学的心理学と呼ばれるものと超越論的現象学との関係についてはさまざまな誤解があった。そこで超越論的現象学の意義を明確にする上で、両者の関係、とくにその差異を明確にしておく必要がある。

ふつう現象学的心理学と呼ばれるものは、人間の心、つまり内的経験のありようを、いわばありのままに記述にもたらそうとする。この探究は、主観についての根源的記述であるという点で現象学的方法と深い共通項をもち、そのために「現象学的」心理学と呼ばれる。しかしそれは現象学そのものとは違いがある。その違いはどこにあるのか。

ここで私が、現象学的還元（超越論的還元）を遂行してみるとする。このとき私は、心理学的な主観がもつ現実世界の実在性、また実在（身体と心）としての私の存在についての素朴な前提、暗黙の妥当をすべて取り払うことになる。

これを現象学的なエポケーと呼ぶのだが、これによって私は、心理学やまたすべての実証主義的学問がもつ、世界と人間存在についての自然で素朴な存在妥当（確信）をいったん括弧に括《くく》り、私の主観の世界をその世界の実在性から完全に切り離して、独自の探究の領域として自立させる。

それは「純粋にそのものとしてみられた意識世界＝経験世界」となる。現実世界のすべてはいわば「空しい仮象」となり、意識の世界が、そこで多様な現象が生じる「純粋な現象世界」という一つの王国と見なされる。つまり、現象学者は、「心＝主観」の領域を、私という実在的存在の内的な一部分としてではなく、実在世界から完全に自立した純粋な現象の領域として探究するのだ。この視線の違いが、現象学的心理学と超越論的現象学の根本的差異である。

しかし現象学は、この現象学的なエポケーの視線変更によって何を把握しようとするのか。このエポケーの遂行によって、世界は「あらかじめ存在するもの」ではなく、「意識」という根源現象によってはじめてその存在が「確証せられたもの」としての妥当を受けるもの、となる。〔⇒妥当を受けるは、存在についての確信が成立する、を意味する〕つまり、意識領域はそこで世界の存在の妥当＝不可疑性が構成される基礎領域と見なされるのである。

とはいえ、現象学のこの探究は、心＝主観の領域のありのままの記述という点で、心理学的探究とほとんど同じ方法をとるため、両者の間には深い平行関係が成立するだけでなく、その相互的な転化も可能となる。だがそのことは、ここまでしばしば両者の関係についての大きな混乱が生じてきた理由でもあった。

しかし、われわれが現象学的心理学と超越論的現象学を厳密に区分すべき理由は一つである。なぜ現象学は、エポケーによって世界の存在措定を「一時的に中止」するのだろうか。その理由は、現象学の根本動機が一切の認識の正当性(妥当性)についての根本的基礎づけにある、という点に帰される。

この意味で、哲学の根本動機は「第一哲学」、つまり認識一般についての「最初・発端・原理」の学たることにあるといえる。それゆえ超越論的現象学は、およそわれわれの認識に妥当性があるとすれば、それがどのような条件において可能となるのかについての徹底的な探究でなければならない。そのため超越論的現象学は、世界の存在妥当の可能性の根本条件を問う学問となるのである。

この条件は、とうぜん、「世界」それ自体においてではなくそれを根拠づけるものとしての「意識」(主観)の領域において問われねばならない。こうした動機の違いが、超越論的現象学と、主観的な「心」についての実証的学としての心理学を根本的に区別するのである。

要するに、心理学はあくまで事実学である。心理学こそが哲学を基礎づけるといった考えを超越論的な心理学主義と呼ぶなら、それは「木の鉄」の類の語義矛盾にすぎない。事実学がさまざまな事実学一般を基礎づけることはできず、いわんやすべての学の基礎づけの学である超越論的哲学を基礎づけることなど、なおさら不可能なのである。

4

私が長く探究し続けてきた現象学の根本動機は、一切の学的認識あるいは一切の世界認識の妥当性についての、哲学的基礎づけということにある。

この探究のはじめの出発点は素朴で経験的な自然的態度だが、そこからこの自然的態度をとる自分自身の意識のありようの内的な省察へと進んで行く。こうした探究を続けるうち、私はこの「自我－意識」の領域が、認識の根本的な基礎づけという主題にとってきわめて重要な意義をもつことに気づくことになった。つまり「意識」の領域とは、単に私の心の領域というだけでなく、むしろ、そこで一切の私の経験世界、また身体を含めた私の存在全体、ひいては客観的世界の総体が「確証された存在妥当」として成立する独自の領域であること、これである。すなわち、「私は他者たちとともにこの客観世界の中に生きている」という私の自然な世界の確信は、すべて、私の意識の領域において構成されてくる。

すなわち、私にとって世界全体の存在は、ひとえにただ、私の純粋な自我の生（意識、主観）から、そしてまた私の生に開示されてくる他者の生（意識、主観）のありようから、そのすべての存在確信と存在意味の妥当を得ている。まさしくこのことの発見が、超越論的現象学を、一切の世界認識の妥当性の基礎づけの哲学として出発させたのである。

5

現象学は、客観存在を素朴に前提する実在論が批判するような、いわゆる「観念論」とはまったく違うものだ。それは哲学の普遍認識の基礎づけという明確な動機をもち、この目的を果たすための自覚的、方法的な観念論なのである。ただ『イデーン』第一巻では、その説明の不十分さによってこれを独我論だとする多くの批判を呼んだ。だがこれらの批判はやがて克服されるはずである。こうした批判は、ひとえに人々が、認識問題の本質的解明のためには哲学はいったん徹底的に主観（「純粋自我」）の場面に立ち戻るべきだということを理解できないことからきている。

徹底的な現象学的エポケーによってわれわれは、世界の総体がいかに超越論的主観性の領域でその存在妥当を構成するのかを、はじめて洞察することができる。現象学の観点からいえば、世界の客観存在をまえもって前提する実在論（＝独断的実在論）も、世界の現実存在をまえもって疑う観念論（＝独断的懐疑論）も、ともに大きな背理に陥っている。

現象学は、世界の客観存在という前提をけっして否定するのではない。ただこの前提をいったん中止して、徹底的に主観の場面に立ち戻る。そのことによってのみ、この全世界がいかに「超越論的主観」という磁場でその妥当を構成するのか（世界確信を形成するのか）が確認されるからである。

それゆえこの作業はひとつの徹底的な自己内省となる。超越論的主観の領域は根源的な明証性の領域であり、そこで現われている意識事象の事実は本質的に不可疑なものである。この意識事象の領域で、全世界がいかにその妥当を構成するのかを、その本質構造として記述すること、このことで従来の実在論と観念論の不毛な対立は完全に廃棄されることになるだろう。

世界の存在の問題を、徹底的に世界の妥当成立（確信成立）の問題と見なし、その妥当成立の本質構造を記述するというこの方法が、認識論上まったく新しいものだということを強調しておきたい。現象学だけが、この問題（超越論的問題、世界の構成の問題）についての真なる解明の道をつけているからだ。ここでの「世界の構成」とは、自然世界だけでなく人間が形成する理念的世界、つまりすべての「意味の世界」の総体を含む。

繰り返せば、現象学は、一般に誤解されているように、この世界の存在の否定を主張するのではまったくない。つまりいわゆる独断的観念論ではない。むしろ現象学は、われわれが全世界の現実存在を動かし難く不可疑なものと見なすその「根拠」を解明する哲学なのである。

哲学は、一方で、すべての現実存在を疑いうるという原理的な可疑性を主張してきた。これがギリシャ哲学以来の実在論と観念論の不毛な対立を支えてきた懐疑論の主張である。現象学はこの難問にきっぱりとこう答える。全世界の現実存在は、論理的には本質的な可疑性を排除できない。にもかかわらず、世界が存在することは、あらゆる人間にとって疑いえないこととしてある。だがそのことと、世界の存在の不可疑性の根拠を哲学的に解明することは、別の問題なのであると*。

*この箇所は重要なので荒井訳を置く。「超越的観念論の課題と成果は、この世界の意味を解明すること、世界が誰にとっても現実に存在しているものとして妥当し、しかも現実的正当性をもって妥当していることの意味を解明することである。世界が存在するということ、たえず総体的調和へと合流していく連続的な経験において世界が存在する宇宙として与えられているということ、これはまったく疑いをいれない。だが、生と実証科学とを支えるこの不可疑性を理解し、その正当性の根拠を解明することは、それとはまったく別のことである」。

現象学は、世界の存在は決して確証できない観念の虚像にすぎないと主張し、かつそれを独断的に断定するのではなく、むしろ世界の存在の必然的な不可疑性の根拠を解明する学である。このことで現象学は「世界の存在」だけでなくむしろ「世界の意味」を解明する学となる。今述べた現象学の意義を理解しないものだけが、現象学への誤った批判を繰り返すのである。

6

現象学をブレンターノ心理学と同一視しようとする人々がいる。ブレンターノ心理学は一つの達成ではあるが、すでに述べたように、両者の違いは明確に区別されねばならない。

自己の心を内省する心理学を「現象学的心理学」と呼ぶ場合がある。それはたとえばロック、バークリー、ヒューム、ミルなどの哲学的心理学にまで適用されるが、その意義と理由を確認してみよう。

まず、心を「白紙」と見なしその上に経験が描かれてゆくとするロックの観念論は、内的経験についての記述的な心理学の先駆となった。ここから、心の事象をあくまで事実として扱う実証的な心理学の系列が現われた。のちの原子論的心理学、ゲシュタルト心理学なども、やはり心理学的な「自然主義」にとどまる事実学である。ブレンターノ心理学には「志向性」の概念を提示したという重要な功績があるが、しかし事実学という点では同じ流れに属する。

現象学は志向性の概念をブレンターノから継承したが、その方法的本質は先に触れたように明確な違いをもつ。ブレンターノの志向性の概念は、意識が必ずその対象性をもつという意味だが、現象学ではそれは、人間の意識作用は、そのうちでたえず対象（対象確信）を志向的に構成している、という意識の構造的本質の意味をもつ。つまり、意識は個々の意識体験の内容をもち、またそこから志向的な総合として、対象確信を構成するという本質構造をもつ。これが世界の一切の存在の妥当構成の基礎構造と見なされるのである。

しかしこの内省的心理学と超越論的現象学の本質的な差異を、多くの心理学者たちは適切に理解することができなかった。超越論的現象学は、心、意識、主観の徹底的な内省的洞察から出発するのだが、それは心という存在についての事実学にとどまるのではなく、「意識」（主観）を世界の一切の存在と意味の「構成」（確信構成）の根本的領域と見なす学となる。まさしくこの道が、『論理学研究』から『イデーン』にいたる過程で切り開かれてきたのだ。

この現象学の根本動機は、最終的には、「超越論的主観」の探究からはじまり、「間主観性」の領域との連関の解明にまで進んで、はじめて完全な形をとる。この作業が、『イデーン』第一巻ではまだ十分とは言えなかったことは認めておかねばならない。

7

哲学が普遍的な世界認識の学たろうとするなら、真の意味での厳密な基礎づけの始発点をもたねばならない。この意味で、哲学は実証的な事実学とはまったく異なった方法を必要とする。つまりそれは、純粋経験という認識の基礎領域や根本的諸概念の設定を必要とするのだ。

それゆえ哲学は、一つの全体的な学、すなわち端緒・原理の学、「第一哲学」でなければならない。これまでの哲学においては、この普遍認識のための始発点を基礎づける徹底主義が決定的に不足していた。また、およそ実証的学問（事実学）にとってはこうした基礎づけの試みははじめから不可能なのである。

この意味で、筆者はいま老境にいたって、「自分こそは一人の本当の初学者、端緒原理を摑《つか》んでそこから始める人間」であると自負しても許されるように思える。現象学は、特定の問題領域についての学問ではない。哲学が哲学であるために必須とされる方法的前提を基礎づける哲学である。そして現象学のこうした理念を受け継ぐ人々が、この哲学の行く手に拡がる広大な地平をさらに拓き、豊かに展開してくれるだろうと私は期待している。

最後に私はこうつけ加えておきたい。現象学という哲学は次のような人にはほとんど理解できないであろう。自分がたまたま踏み入れた哲学の方法を自明のこととして疑わなかった人、多くの哲学が乱立しているのを見ても、どれが正しいのかについて深く悩んで絶望するような経験をもたず、それゆえ、哲学が真に「普遍的な学問」であるためにはどのような方法的な基礎が必要かについて、深刻に考える動機をもつことのなかった人。

私のいう「真正の無前提」とは、白紙としての経験から始めるとか、科学的に確立された動かせない客観的成果や、数学や論理学の公理的命題を出発点とするべき、といったことではない。これまでどんな哲学も、またどんな学問も、真に普遍的な認識であるための方法的な基礎づけに成功しなかった。哲学にとって、またあらゆる学問一般にとってこの基礎づけが絶対的に必要であること、このことが理解されねばならない。

こうした現象学の根本動機とその意義を理解できない人にとっては、現象学はどこまでもただ難解で無意味な哲学としてしか理解されないであろう。[*]

＊「ここまで述べたことから言って、本書は次のような人の助けにはなりえないだろう。すでに自分

の哲学や自分の哲学的方法に確信をもっている人。したがって、哲学に夢中になってしまうという不幸に見舞われた人間の絶望を知るに至ったことのない人。すでに哲学を学び始めた頃に乱立する哲学の混乱のなかに置かれ、これらの哲学のどれも真の無前提性について配慮したことがないのだから、そして、どの哲学も哲学というものが要求する自律的自己責任の徹底主義から発していないのだから、どの哲学を選んだらいいのか本当のところは選択の問題ではないと思ってしまった人。本書はこういう人の役にたつことはないだろう」（荒井訳）

□「あとがき」解説

これは『イデーンⅠ』の最後におかれた「あとがき」だが、『イデーンⅠ』では明快に述べられていない現象学の根本動機とそのための根本方法が、ここに端的に述べられているという点できわめて重要なテクストである。

これが書かれた後、「現象学的還元」という新しい概念によって超越論的現象学の新しい地平を開いたと考えたフッサールに対して、その意図を理解しない多くの批判が現われたことが如実に示されている。とくに、この時点ですでに現象学が独我論的な観念論であるという批判が多く現われており、それは現在に至るまで続いている。

それゆえこのあとがきの大きな力点の一つは、現象学＝独我論的観念論という批判に対する反駁であり、もう一つは、「現象学的心理学」と「超越論的現象学」の区別を明確にすることである。

フッサールはこうした独我論批判が、『イデーンⅠ』で現象学のそもそもの動機の提示が十分でなかったことにも起因するとして、ここでとくに、認識問題の解明と哲学的普遍認識の基礎づけという動機の提示に力を入れていることが分かる。

この『イデーンⅠ』「あとがき」を読むかぎり、私が序論で述べた現象学の根本動機とその方法の核心が、そのままフッサール自身によって繰り返し強調されていることが理解されるはずである。とくに、現象学的還元が、「意識」における「世界確信」の構成の構造の理論であることがはっきりと強調されている。

ここでの現象学の根本動機の提示は、『イデーンⅠ』の難解なテクストを解読する上で必須となるので、もう一度簡潔にまとめておきたい。

フッサールはいう。認識問題は現象学的還元の方法によってのみ解明される。この解明によっておよそ普遍認識の可能性の条件が明らかになる。そしてこれが、あらゆる学問の根本的基礎づけとなる。現象学的還元の方法の要諦は、まず一切の認識を主観のうちで成立した確信と見なす、という点にある。これが客観存在の想定を徹底的にエポケー(＝現象学的還元)することの意味だ。

われわれのさまざまな認識は、すべて主観のうちでの確信として成立する。するとどのような条件で「不可疑性をもつ確信」が成立する(構成される)のかを、「意識」の内的構造として解明することができる。これが第一段階。

つぎに、対象についての不可疑な主観的確信がどのような条件で各人の「間主観的な確信」として成立するかの条件を解明できる、これが第二段階。*

この二つの作業によって、われわれが客観認識、普遍認識と呼ぶものが、客観(存在)と認識の「一致」ではなく、普遍的、間主観的な世界確信の成立として現われることが明らかになる。すなわちどのような条件で客観認識、普遍認識が成立するかの根本条件が解明される。まさしくこのことが、一切の学問の根本的基礎づけとなるわけである。

＊「間主観性」の概念はしばしば誤解されているので注意が必要。これは序論で詳説したので、ぜひもう一度確認してほしい。とくにヴィトゲンシュタインの「かぶと虫」のエピソードは、きわめて明瞭にその構造を教えている。

もう一つの力点が、現象学的心理学との区別問題だが、これははじめて『イデーンI』

を読む読者にはきわめて理解しにくい事情である。大きな文脈をいえば、現象学的心理学も超越論的現象学も、探究の領域を「主観＝意識」(内在意識)に限定しており、またそのありのままを詳細に洞察するという点では同じなので、方法上の混同が生じる。しかし根本的な違いは、前者が「事実学」(実証科学)であるのに対して後者が「本質学」だという点にある。

この違いは具体的には何か。まず探究の目的が異なる。事実学の目的は人間の心の存在を事実的存在として、その構造や因果連関一般的に利用可能な記述の体系へともたらすことにある。本質学としての超越論的現象学の目的は、どこまでも「認識問題の解明と哲学的普遍認識の基礎づけ」にある。

この「心理学の区別問題」は『危機』の五六節以降でも詳細に論じられるが、その要諦は右に述べたことに尽きる。また『イデーン』の読者にとって大きな重要性をもたないので、これ以上は触れないことにする。

ともあれ、幾度でも注意を払うべきは以下の点だ。現象学による認識問題の解明は、客観世界の存在措定のいったん停止(エポケー)と、この存在確信の成立条件を意識領域における構造として解明するという方法による。

しかし何度もいうように、『イデーン』では、現象学的還元の方法がそのような動機、目的にあることは、さほど明快に読み取れない。すでに見たが、その大きな理由の一つが、『イデーン』ではフッサールが「確信の成立」という用語をほとんど使わず、その代わりに「妥当」「定立」という用語で通しているという点にある。これを補うために、序論で、確信成立の概念をよく示す、『デカルト的省察』や『危機』からの象徴的な箇所を引用しておいた。

読者には、現象学的還元という方法のこの根本動機をつねに念頭におきつつ、あるいはつねに思い起こしつつフッサールのテクストを読むことを勧める。それを「南無、確信成立の条件」という念仏のように、心に刻んでおくのがよい。

＊荒井新訳は、超解読との逐次的対訳形式を維持するため便宜上適宜改行し、原文改行の箇所だけを〈改行〉で示した。原文が難解な時、あえて逐語訳を避け意訳的に解読した。

第一篇　本質と本質認識

第一章　事実と本質（1節〜17節）

第1節　自然的認識と経験

自然的認識は、経験とともに始まり、経験のなかにとどまる。それゆえ、われ

第1節　自然的認識と経験

ふつう、学問的な「自然認識」〔⇓自然科学〕と呼ばれるものは、さまざまな

われが「自然的」と呼ぶ理論的態度においては、可能な諸研究の全地平は一語で表される。つまり、それは世界である。したがって、この根源的態度の諸学問は総じて世界についての学問であり、この根源的態度がもっぱら支配的態度である限り、「真の存在」、「現実的存在」すなわち実在的存在というような諸概念は、また――すべての実在的なものは世界という統一へと統合されるのだから――「世界における存在」という概念も、互いに重なり合う。

〈改行〉どの学問にも、その研究の専門分野として、一つの対象領域が対応している。そして、その学問のすべての認識

対象についての「経験」がその基礎となる。自然についての学問は、自然世界の全体をあるがままに正しく認識しようとするが、この認識態度を「自然的」な態度と呼ぼう〔⇒フッサールは、自然科学の学問的な態度を「自然主義的」と呼び、ふつうの人間のものの見方を「自然的」態度として区別する〕

この認識態度では、「実在的存在」、「真の存在」、また「現実的存在」（＝現実に存在する諸対象）といった概念は自明のものとされている。

学問はさまざまな対象領域をもつが、どんな学問の認識であれ、その認識の正当性の根拠の基礎となるはじめの経験的

に、つまり、その学問における正しい言表に、正当性を証明する根拠の源泉として、ある種の直観が対応している。この直観において、当の領域の諸対象が自己所与性をもち、少なくとも部分的には、原的所与性をもつことになる。

最初の「自然的」認識圏域とその圏域

な「直観」というものがある。〔⇓数学なら計算してみること。地理学なら測量し、物理学なら実験してデータを読むこと、等々〕このはじめの直観のありようを、それ自身を与えてくるもの、という意味で「自己所与性」、あるいは「原的所与性」と呼ぼう。*

＊一切の認識は、まず対象の存在の認識、「ここにこれこれのものがある」という認識をその出発点としている。対象存在のこの端緒の認識の根拠が、ありありとした対象の像、つまり知覚像である。この知覚像の所与が「原的所与性」「自己所与性」と呼ばれる。

すなわち、「意識」に、リアルなもの

のすべての学問の、所与的直観が自然的な経験であり、原的に与える働きをする経験が知覚である。この知覚という言葉はここでは普通の意味で使っている。ある実在的なものを原的に与えられてもつことと、それを端的に直観しつつ「認知し」、「知覚する」こととは同じである。物理的事物についての原的な経験を、われわれは「外的知覚」においてもつが、想起や予見においてはそのような原的な経験をもつことはない。われわれ自身やわれわれの意識状態についての原的経験を、われわれはいわゆる内的知覚あるいは自己知覚においてもつが、他人について、また他人の体験について「感情移入」してもそのような原的な体験をもつ

をありありと現わしてくる（＝与えてくる）像を、われわれは知覚像と呼ぶ。そして、誰であれ、ありありとした知覚像（知覚直観）を受けとると、そこに現実的、実在的な対象が存在すると見なす。

想起や想像も直観だが、それらはいま、ここにある「現実的なもの」を与えない。〔⇒想起、想像は「準現前的なもの」と呼ばれる〕対象についてのこうした直接的な知覚体験を、「原的な体験」（オリジナルな体験）と呼ぼう。

自分の心のありようの自己認知もやはり原的な体験といえる。しかし他人の心を感じることは、どこまでも臆測であって原的な体験とはいえない。

ことはない。われわれが「他人からその諸体験を観て取る」のは、他人の身体的表出を知覚することによってである。

　こうして感情移入によって観て取ることとは、たしかに、直観的で所与的な作用ではあるが、原的に与える働きをする作用ではない。他人や他人の心的生活はたしかに「それ自身そこに」、そして他人の身体とひとつになってそこにあるものとして意識されるが、それは他人の身体が原的に所与されたものとして意識されるのとは異なる。

〈改行〉世界とは、可能な経験および経験認識の諸対象の全総体である。つま

　われわれは他者の心を、事物がそこに存在するのと同じように、たしかに現実存在するものと感じる。しかし事物の認識は直接の知覚体験による認識であるのに対して、他人の心の認知はどこまでも臆測的な認知であり、直接の知覚体験ではない。

「世界」とは、人間の直接経験を基礎として認識された諸対象の総体である（自

り、顕在的な経験にもとづいて正しい理論的思考において認識可能であるような諸対象の全総体である。経験科学的な方法がより詳しくはどのような様相を呈しているのか、またその方法は、直接的な経験所与性の狭い枠を超え出る権利をどのように基礎づけるのか、ここは、このことに関して論究する場所ではない。世界についての諸学問、つまり自然的態度の諸学問はすべて、より狭い意味でもより広い意味でも、いわゆる自然科学、つまり物質的自然についての学問であり、しかしまた、心理‐物理的自然をもつ動物的存在者についての諸学問、つまり生理学、心理学等もそうである。

然世界)。また、一般にあらゆる学問は、「自然的態度」による認識、つまり最も基礎的な顕在的な知覚経験からデータを集め、その全体を総括した世界認識としての学問である。それらはいわゆる自然科学、物理学のほかに生理学や心理学等を含む。その分類や方法の詳細についてはここでは踏み込まない。

同様に、すべてのいわゆる精神科学、つまり歴史学、文化学、あらゆる種類の社会学的諸学科なども自然的態度の学問に属する。ただし、このことに関して、それらの精神科学が自然科学と並置されうるのか、対置されうるのか、また、精神科学自体は自然科学と見なされるべきなのか、あるいは一つの本質的に新しい型の学問と見なされるべきなのか、ということについて、われわれはさしあたり未解決のままにしておくことができる。

また、精神科学と呼ばれている諸学問も自然的態度の学問に属する。* 大きく領域を区分すると以下になる。

(1)自然科学→物理学、化学、生物学、心理学等々

(2)精神科学→歴史学、社会科学、文化学等々

自然科学と精神科学の違いや対立、その関係性についても、ここではまだ論じないでおく。

*ここでの「精神科学」は、現在は人文科学と呼ばれている。自然科学と人文科学は基本的に実証的学問、つまり自然的態度の学問である。

第2節　事実。事実と本質の不可分性

経験科学は「事実」学である。経験の、基礎づけ的な認識作用は、実在的なものを個的なものとして定立する。つまり、この認識作用は、実在的なものを空間−時間的に現実存在するものとして定立する。実在的なものを、この時間位置にあり、この特定の継続をもち、本質上、同様に他のどんな時間位置にもありえた実在の内実をもつあるものとして定立するのである。さらにまた、この場所に、この物理的形態においてある（もしくは、この形態の物体的なものと一つとなって

第2節　事実。事実と本質の不可分性

経験科学は「事実」についての学（事実学）だが、この学問は、実在物を「個的なもの」（個物）としてとらえることから出発する。個的事物は、特定の時間・空間的位置にいわばたまたま存在している。つまり、個的事物は偶然的な存在である。この偶然性はさまざまにいえる。〔⇒目の前にあるリンゴが「ほかならぬこのリンゴ」だ、とか、このリンゴはこれこれの性状をもっている、といったことはたまたまそうである〕またある個物は、たまたま今この状態にあり、いつで

いる）あるものとして定立する。しかしその場合にも、同じ実在的なものは、その固有の本質から考察すれば、あらゆる任意の場所で、あらゆる任意の形態をもって同様にありうるものであり、また同様に、事実上は変化しないにしても変化しうるものであり、あるいは、事実上変化するのとは別の仕方で変化しうるものである。

あらゆる種類の個別的存在は、まったく一般的にいうと、「偶然的」なものである。それはある仕方で存在しているが、その本質上、別様にも存在しうるものである。一定の自然法則がはたらいているとしても、である。自然法則に従え

も変化して形状を変えることがある。

このように、事実として存在する実在的な個物を、われわれは偶然的な存在と性格づける。ところが一方で、個物には偶然的事実という側面とともに、必ず、必然性の側面がある。ただしこの必然性は、個物の存在のもつ自然法則的、因果

ば、これこれの実在的事態が事実上存在すると、これこれの実在的結果が事実的に存在しなければならないことになる。

しかしそのような法則は、ただ事実上の規則を表しているに過ぎず、その規則自体はまったく別の内容でありうるかもしれない。その規則は、もともと可能な経験対象の本質に属するものではあるが、規則に規制された対象はそれ自体では偶然的であるということを前提としている。

〈改行〉けれども、事実性と呼ばれるこの偶然性の意味は、偶然性が必然性と相関的に関係しているという点で限定され

的な必然性という意味ではない。

そもそも自然法則の因果性自体はたまたまそのようにあるもので、把握されたデータによって異なった法則や規則に従う。〔⇒たとえば落体の法則が $S = \frac{1}{2}gt^2$ であるのはデータがたまたまそう示すだけ〕

ここでいう、個物につきまとう「本質必然性」、あるいは「本質普遍性」とは、そうした自然法則とは違って、どん

ている。ここで必然性とは、空間－時間的事実の配列の妥当的規則が単に事実上存続していることを意味するのではなく、本質必然性という性格をもち、そのことで本質的普遍性と関係しているような必然性のことである。

われわれは上で、あらゆる事実は「その固有の本質上」別様でもありうるだろう、といったが、それによって次のことをすでに表現したのである。すなわち、ある本質をもち、したがってある純粋に把握される形相をもつということは、個々の偶然的なものの意味に属しているな対象ももつ対象の「意味」（形相＝本質）のことだ。（⇓このリンゴは、「リンゴ」という意味や「果物」という意味をもつ。さらに、食べ物、個体、物体、といった意味をも備えている）また、「このリンゴ」がもつさまざまな意味は、果物→食べ物→物体といった段階的なレベルで存在している。

先に、どんな事実もみな本来的に別様でもありうる、といったが、逆にいえば、どんな偶然的な存在も、必ずある「本質」、いいかえれば純粋に把握されるべき「形相」（⇓意味性、概念性）をもつといえる*。そして、この意味性（＝形相、本質）は、さまざまな普遍性の段階ということ、である。そしてこの形相はさて、さまざまな普遍性の段階の本質真理のもとにある。

ひとつの個的対象はただ一般に、ひとつの個的対象、ひとつのここにあるこのもの！　ひとつの一回的な対象であるだけではない。それは「それ自体において」これこれの性質をもった対象として、その特性をもち、本質的な述語要素のストックをもっている。この本質的な

をもっている。〔⇓たとえば、果物→食べ物→事物存在というように〕

＊現象学での「本質」は、用い方が広いので、ややまぎらわしい。基本は対象の意味だが、概念や理念の意味性を示すこともある。また内省によって確信構成の構造を取り出すことを、構造の本質を取り出すと言ったりする。

こうもいえる。ある個的事物は、単に一つの偶然的な存在というだけではなく、特定の性状や特性をもっている。この点で、必ず「本質的な述語要素」をもっているといえる。〔⇓リンゴは果物、食べ物、机は、家具、道具、事物など〕そのことからまた、個々の事物には、さ

述語要素は、その対象に（「その対象がそれ自体であるような仕方で存在するもの」として）帰属しなければならず、そのことによって、その対象に、他の二次的、相対的諸規定が帰属することができるのである。そうであるから、例えばどんな音も、それ自体で或る本質をもち、最上位に、音一般あるいはむしろ音響的なもの一般という普遍的本質をもつのである。——この普遍的本質は、純粋に理解すれば、個的な音から（個々に、あるいは他の音たちとの比較により「共通的なもの」として）観て取られうる契機である。

同様に、どんな物質的事物も、それ固有の本質特性をもち、最上位に「物質的

まざまな意味上の二次的な規定が与えられる。

たとえば、どんな個的な音もみなその「本質＝意味」をもっているが、その最上位の意味として、「音一般」あるいは「聴覚的なもの一般」、という意味をもつ。〔⇒いま聞こえているこの高い音は、バイオリンの音、楽器の音、音一般、という段階的な本質＝意味がある。そしてこれらの最上位として音一般という本質＝意味をもつ〕

これと同じく、どんな個的な事物も、それ自身の性質や特性をその意味性とし

事物一般」という普遍的特性をもつ。

　この「物質的事物一般」には、時間規定一般、継続一般、形態一般、物質性一般が伴っている。個体の本質に属するすべてのものは、別の他の個体ももつことができる。そして、われわれが今いくつか例に即して示唆したような種類の最上位の本質普遍性が、もろもろの個体の「領域」あるいは「範疇」を境界づけるのである。


てもち、その最上位に「物質的事物」（＝物質）という意味＝本質をもっている。

　この「物質性一般」という概念には、あらゆる事物存在がもつ、時間性、空間性、形状性、色などといった規定的意味が含まれている。それゆえ、物質性一般は、一切の個的事物の最上位の意味＝本質である。

　すべての個的存在がもつこうした「意味」の秩序を、ここでは存在の「範疇」あるいは「領域」と呼ぶことにする。

〔⇒すべての個物は、多様な種類の意味性を含んでいる、くらいのこと〕

第3節　本質観取と個的直観

　さしあたり「本質」とは、ある個体のそれ自体固有の存在のうちにその個体の何か（Was）として見出されるものを表していた。しかし、このような何か（Was）はいずれも「理念へと置き入れ」られることができる。経験する直観もしくは個的直観は、本質直観（理念化 Ideation）へと転化されることができるのである。――この可能性は、それ自体経験的可能性としてではなく、本質可能性として理解されるべき可能性である。その場合、観取されたものは、最上位の範

第3節　本質観取と個的直観

　現象学でいう「本質」とは、まず、どんな事物や対象ももつその「何であるか」（Was）のことだ。そして事物の何であるかは、ふつうその概念（「理念」＝意味）として把握される。

　つまり、われわれは知覚によって与えられた具体的な対象（⇒リンゴの知覚像）を、つねに「本質直観」（⇒ここでは対象の意味。リンゴ、果物、食べ物など）へと自由に転化しており、この転化可能性は必然的なものだ。

　どんな対象も、その知覚像とともも

疇であれ、その範疇の完全な具体化に下るまでの特殊化であれ、個体に対応する純粋な本質もしくは形相となる。

〈改行〉このような、本質を与え、場合によっては原的に与える働きをする観取は、われわれが例えば音という本質について手に入れられるような十全な観取であることがありうる。しかしそれは、多かれ少なかれ不完全なつまり「不十全な」観取でもありうる。こうしたことが、明確さと明瞭さの程度という点に関してだけ起こるのではない。

ある種の本質範疇の固有な特性には、

に、ひろい段階性において〔⇒たとえば「リンゴ」から「物質」にいたるまでの」、その意味（本質＝形相）として把握される。

こうした対象の意味の受け取り（観取）は、たとえばこれは「音」だ、というように「十全的」（＝完全）な意味の観取の場合もあれば、不十全（＝不完全）な場合もある。〔⇒リンゴのようなふつうの事物では、不十全な観取であることが多い」この不完全性は、明瞭さの度合いとして生じるだけではない。

たとえば、その意味の観取が少しずつ

次のようなことが属している。つまり、それらに属する本質は、ただ「一面的」にのみ与えられるのであって、相次いで「多面的」に与えられることはあっても「全面的」に与えられることはできない。

　したがって、これらの本質に対応する個々の個別態は不十全な「一面的」な経験的直観においてのみ相関的に経験され、また表象されることができるだけである。このことは、事物的なものに関係するどんな本質にも当てはまるのであり、しかも、延長ないし物質性という本質構成要素のすべてに当てはまることである。それどころか、より詳しく見れば（のちに続く分析が明らかにするはずだが）このことは、すべての実在するもの一般に

部分的には可能だが、一挙に完全には行なわれないという場合もある。このことは、じつは「延長」（大きさ）をもった対象、つまりすべての実在的な事物についていえることである。
　これは、そもそも事物的な対象については、われわれはそのすべての側面を一挙に完全に知覚することができない、ということからくる。〔⇒一つのリンゴは、「リンゴ」という意味の観取だけでは不十分で、赤いとか、つやつやとか、少し楕円、といった諸意味が一面ずつ「多面的」に取り出せるが、対象のもつすべての意味を完全に観取することは不可能〕
　事物的な対象の「意味」の受け取りの

当てはまることなのである。のちの分析ではむろん、一面性や多面性という漠然とした表現は明確な意味を帯びることになり、さまざまな種類の不十全性は区分されるはずである。

不十全性については、後の詳しい分析（コギタチオ－コギタートゥムや射映など）の中で、より明確に説明されるだろう。*

＊ここでの、観取された「意味＝本質」の十全性、不十全性の説明はさほど判明ではない。少し補っておくと、個的な対象から観取される「意味＝本質」は、その全体を完全に示す場合もあれば一面的な場合もあり、また正しい場合も間違っている場合もある、くらいに理解するとよい。たとえばある楽器の音を聴いて、これは「バイオリンの音」だという場合は十全的だが、あるリンゴをみて、「これは赤くて丸いリンゴだ」という意味の受け取りだけでは、そのリンゴの特質のすべてを言い尽くしているわけではない。

〈改行〉当面は、次のことを指摘するだけで十分である。すなわち、物理的事物の空間形態だけをとってみても、それは原理的には単なる一面的な射映においてのみ与えられうるということ。継続的直観を任意に絶えず続けて得られるすべての獲得物をもってしても残存する不十全性を度外視しても、あらゆる物理的性質は、われわれを経験の無限の連なりのなかへと引き入れること。あらゆる経験の多様性は、どれほど広く張り渡されたものであっても、なおもっと詳細で新しい事物規定の余地を残すものであるということ。しかも、無限にそうであること。これらのことを指摘しておけば足りる。

さしあたりこう言っておこう。物理的な事物は、必ず空間の中に一定の大きさを占めている。だから視覚による把握は、その全体を一挙にとらえることは決してできず、ある部分を少しずつ見てゆくことしかできない。これを、事物視覚の「射映」的な現われ方と呼ぶ。〔⇓射映の概念は、後に詳しい分析がある〕

　要するに、一つの事物のすべての側面を完全に知覚-経験することは原理的に不可能である。

〈改行〉個的直観がどのような種類のものであれ、十全であるにせよそうでないにせよ、個的直観は本質直観へと転換されうる。そして、本質直観は、それが個的直観に対応した仕方で十全であるにせよそうでないにせよ、与える働きをする作用という性格をもつ。そのことのうちには次のことが含まれている。すなわち、

〈改行〉本質（形相）は、ひとつの新種

いま見たことを要約すると、すべての個的直観は、そこから本質直観（＝対象の意味）を取り出すことができる、ということだ。またこうもいえる。意味の直観は、十全的であれ不十全的であれ、対象のほうからその意味を与えてくると。*

＊ここの「与える働きをする作用」は、むこうからやってくる、到来してくるという感じ。知覚像はありありとした感覚を意識に与えてくる。本質直観もまたたとえば「リンゴ」という意味を与えてくる。それゆえ、個的直観（知覚）も本質直観も「与える働きをする作用」をもつ直観である。

さらにこうもいえる。知覚は対象のあ

の対象である。個的直観もしくは経験的直観により与えられたものが個的な対象であるのと同様に、本質直観により与えられたものは純粋な本質である。〈改行〉ここには、単に外面的にすぎない類比ではなく、根本的な共通性がある。形相的な対象がまさしく対象であるように、本質観取もまたまさしく直観なのである。

「直観」と「対象」という相関的に対をなしている概念の一般化は、勝手な思いつきではなく、事柄の本性によって不可避的に要求されている。経験的直観、と

りありとした像をわれわれに与えてくるが、知覚はまた、対象の意味（本質）をもわれわれに与えてくる。だから「対象の意味」は、知覚像とはまた別の、一つの新しい種類の直観であると。

　これは単なるアナロジーではない。二つの対象は、どちらも対象からやってくる（与えられてくる）直観という点では共通性をもつ。しかしそれぞれ異なった本性をもっている。

〔⇒ここはあまりに説明がまわりくどいので、意訳的に〕

「直観」と「対象」ということでの対概念は重要である。何かを見るという経験

くに経験というものは、ある個的対象についての意識であり、直観的意識として「対象を所与性へともたらす」ものであり、知覚としては対象を原的所与性へともたらし、対象を「原的に」その「ありありとした」自己性において把握する意識へともたらすのである。

まったく同様に、本質直観は、あるものについての意識、つまりある対象についての意識であり、本質直観の視線がそこへ向かい、かつまた本質直観において「それ自体与えられている」ような、あるものについての意識である。そのあるものは、しかしさらにまた他の諸作用において「表象され」、漠然とあるいは判然と思考され、真のまた偽の述定の主語

は、われわれに対象を把握させるが、知覚作用（知覚直観）としては、まず対象をありありとした像としてわれわれの意識に与える。しかしそれだけではなく、同時に、「本質直観」すなわち対象の意味をも与えるのだ。

知覚の像とともに、この対象の意味もまた、一つの独自の対象であって、それは判明にあるいは漠然と与えられ、またそれ自身として思考の対象にもなりうる。

また対象の「意味」は、一般的には、論理学の命題の主語、〔⇒「リンゴ」は赤い。「机」は木製である〕となりうる。〔⇒フッサールの説明はきわめて曲がりくねっているが、要点は、対象の知

とされることもできるのである。――ちょうど、形式論理学の、必然的に広い意味における「対象」がどれもそうであるように。

あらゆる可能な対象は、論理学的にいえば、「可能な真の述定のあらゆる主

覚体験では二つの契機があること。一つは、赤い、つやつや、丸いといった個的直観、もう一つは、これは「リンゴ」だという意味の直観である」*

＊「本質直観」は、「赤い」や「丸い」という知覚的直観ではなく「リンゴ」という意味の直観のこと。
　しばしば、事物や事態からの「本質－意味」の取り出しとしての「本質観取」とまぎれて使われるので、注意が必要。ラフに分けると、「本質観取」は意味の「取り出し」で能動的、「本質直観」は意味の「受け取り」で受動的、という感覚。

論理学において述定形式（主述形式）の「主語」となるものは、たいてい、われ

語」は、すべての述定的思考に先立って、当の対象を場合によっては「ありありとした自己性」において的確に捉え、その対象を「把握する」ような表象的、直観的眼差しに入るというあり方をもっている。

本質観取はそれゆえ直観である。そして、本質観取が簡明的確な意味における観取であり、漠然としているかもしれない単なる準現前化ではないなら、それは原的に与える働きをする直観であり、本質を「ありありとした」自己性において把握するものである。しかし他方、それは原理的に固有の、また新しい種類の直観である。すなわち、他の諸範疇の対象

われがそれを「ありありとした」明証性において把握できるような自立的な対象の意味である。

本質観取〔⇒対象の意味を受けとること〕は、想起や想像といった準現前化的なものではなく、一つの明確な意味の直観であるから、それは知覚像と同じく対象をありありと、つまり「原的に与える働きをする」直観である。とはいえそれは、知覚直観や、あるいは想像、想起その他の対象が与えるような意味の直観とは違った性質をもつ、新しい種類の直観

に相関的に属する直観に比べて、そのようなのであり、またとくに、通常の狭義における直観つまり個的直観に比べて、そうなのである。

〈改行〉たしかに、本質直観の特性には、次のようなことがある。つまり、本質直観の根底には、個的直観の主要部分、すなわち個的なものの出現・顕現があるということである。もちろん、個的なものが把握されるわけでもなく、それが現実として定立されるわけではないが。したがってその結果、いかなる本質直観も、「それに対応する」個的なものに眼差しを向け範例的意識を形成する自由な可能性無しには不可能であるという

なのである。

「本質直観」、つまり対象の意味の直観は、ふつう個物の知覚と一緒に与えられてくるもので、それだけでは具体的な事物を示すことはできない。対象の意味直観は、個物の知覚直観とともに与えられることによって、はじめて対象の具体的な「何であるか」を、ありありとわれわれに示す。「意味」は、それに対応する個的な対象像と結びつくことではじめて明瞭な意味性をおびるのだ。

ことも確かである。
——また逆に、いかなる個的直観も、理念形成を遂行し、そのなかで、個的に顕現しているもののうちで例証されているそれに対応する本質へと眼差しを向けるという自由な可能性無しには不可能である。しかし、だからといって、この二つの種類の直観が原理的に区別されるという事態に変わりはない。

　そして、われわれがたった今述べたような種類の命題においては、その二つの種類の直観の本質的関係のみが示されているに過ぎない。これらの直観の本質的違いには、「実存」（ここでは明らかに、個的に現実存在するものという意味である）と

　逆に、事物の知覚直観も、それとともに与えられる意味の直観（本質直観）なしには、対象のありありとした具体性を与えない。つまり、知覚作用においては、両者は互いに支えあっている。にもかかわらず、個的直観と本質直観（意味直観）は異なった本質をもち、それゆえ原理的に区別されるものだ。

　いま述べたことによって、二つの直観の本質的な関係が示された。すなわち、両者の本質の違いを、われわれは、事物の「実在性」とその対象の「意味性」の違い、あるいはもっとシンプルに、「事実」と「形相」の違い、と言うことがで

「本質」との間の、すなわち事実と形相との間の本質的関係が対応している。

そのような関係を追究して、われわれは、この述語に属しまた今後しっかりと帰属させられる概念的本質を理解しやすいように把握することになる。そしてそのことによって、とりわけ形相（理念）とか本質とかの概念に貼りついているような、部分的には神秘的な思想はすべて、きれいに除去されることになる。

きる。

こうしてわれわれは、これら二つの「直観」の違いを明確に把握し、区分した。またこのことで、これまで曖昧な仕方で理解されていた、形相、理念、本質といった概念の意味もいっそう明瞭に理解されることになる。さらに、これらの概念にしばしばつきまとっていた神秘的な意味あいも、きっぱりと除去されるはずだ。

▲第4節　本質観取と想像。本質認識はすべての事実認識には依存しないということ

見てきたように「本質」（対象の意味）は、対象の想像的像へと置き直すことができる。しかしまた逆に、単なる想像から本質を取り出すこともできる。つまり、われわれは、知覚経験の直観からでもまた想像的直観からでも対象の本質を取り出すことができる。〔⇓リンゴの知覚からでも想像からでも、リンゴ、食べ物、果物という対象の意味＝本質を取り出せる〕

たとえば、「自由な想像」によってわれわれは、なんらかの形をもった事物や社会的出来事などを思い描くことができる。また同様に、経験する、気に入る、意欲するなどといった、心的体験のタイプのありようを思い描くこともできる。そしてそこから、それらの事物や経験の独自の本質を観取することができる。また、それらの「一般本質」や「典型的本質」を取り出すことができる。〔⇓ある旋律の本質（意味）はト長調、ソナタ、ロマンチックなど。さいころの形態的な一般本質は、正六面体。選挙、戦争、殺人の一般的本質は、社会的事件。おにぎり、ピラミッドなどの形態的本質は、三角形、などと考えればよい〕

また空想的、虚構的な想像であって、やはりそこから本質を観取することができる。〔⇓たとえば、想像されたケンタウロスから、半人半獣、神話の生き物、宇宙人の大襲来↓人類滅亡の危機、といった意味を取り出せる〕

これを要するに、対象の知覚経験からいつでもその対象に属する諸本質を取り出すことができる。しかしまた、本質は、事実としての知覚経験から独立した対象として扱うことができる。何らかの想像からその想像対象の本質を取り出すことができるが、そのとき、この本質は想像が事実と合致するか否かにはかかわらない（参照の必要はない）。つまり、「純粋な本質真理（⇒想像されたものの本質）は、事実に関する寸毫《すんごう》の主張をも含んでいない」。逆に、そうして観取された本質から直接事実を帰結することはできない。

あらゆる事実認識が具体的経験を最も基底の根拠として要求するように、あらゆる本質についての探究は「本質観取」をその根本的根拠としている。

＊ここで使われている「本質」は、ほとんどが、知覚対象や想像の対象の「意味」を意味している。想像されたものからその本質を取り出すことができる、は、たとえば、想像されたケンタウロスから、「半人半獣」、「神話に登場する生き物」、「空想的生き物」といった意味を取り出しうるということ。

△第5節　本質を論究する判断と、形相的普遍妥当性をもつ判断

中心主題は、「本質を論究する判断作用」（本質自身を把握する判断作用）と、「形相的普遍的判断作用」との違いについて。

前者はたとえば数学の公理（三角形の二辺の和は一辺より長い）などの妥当性を洞察しつつ判断する作用。これに対して、「形相的判断作用」は、個的なものを本質の個別態として見て、「およそ一般に」という仕方で判断する作用。たとえばある色を見ながら、「およそ色というものは、これこれこういうものである」という判断の作用。つまり個別態から、色一般とか音一般の概念を取り出す判断。

「形相的普遍的判断」は、「本質論究的判断」つまり「本質」それ自身を考察の対象とする判断とは同じではない。とはいえ、個別のことがらからその普遍性を取り出す判断（リンゴも夕陽も赤い）が、「色の本質は音の本質とは違っている」という判断へ進むと、それは「本質それ自身」を対象として論究する判断となる。

▲第6節　いくつかの根本概念。普遍性と必然性

ここの要点は、「漠然とした一般的な本質判断」と「純粋に形相的な本質判断」との区

別について。
「形相的判断作用」、「形相的判断」（判断作用が命題の形をとっている）、そして「形相的真理」（真なる命題）。これらは互いに相関しあっている。〔⇓おそらく、意識内の形式的判断（ノエシス）→その記述→構成されたノエマ＝対象意味自身、という構造で語っている。ただ最後の「形相的真理」の語は以後ほとんど現われず〕
形相的に普遍的と言える事態は、それを特殊化し個別化することができる。これは「本質必然性」と呼ばれる。〔⇓たとえば、「大きな数の単位は小さな数の単位を含む」、この普遍的判断は、5は3を含む、という個別判断へ転化される。これは本質的に必然であるといえる〕ただし、ここでの「必然性」はいくつかに区分され、その中に「必当然的」と呼ばれるような必然性がある。〔⇓大きな動物は小さな動物より強いは、限定的な必然性だが、数学的、幾何学的な必然性、「三角形の二辺の和は一辺より長い」は絶対的な必然性で、これは「必当然的」〕数学的領域での、普遍性、形相性の意味は、現実世界での普遍性とは違った厳密な意味をもつ。

▲第7節　事実学と本質学

すでに、「個的対象」とその「本質」との基本関係を論じた。具体的な対象から「本質」を把握する働きは事実的な学問の方法的基礎である。しかし「本質」それ自体を扱う学問がある。論理学、幾何学、数学（＝「形式的学問」）などがそうだ。これらは経験から独立した純粋な形相（本質）の連関だけを扱う「純粋な本質学」と呼ぶことができる。

この純粋本質学の領域では、経験（的観察）から本質を取り出す働き〔⇒自然科学の方法〕は方法的基礎とはならない。ここではさまざまな「純粋本質」がその学的対象となり、それゆえ本質自身の純粋な内省的観取がその基礎である。ここでの考察はすべて「必当然的」な直観の考察となる。〔⇒必当然性→たとえば、2＋2＝4という数学の公式は純粋本質であり、この答えは、蓋然性や高確率性ではなく、絶対的な必然性をもつ〕

これに対して、一般的な経験科学、実証科学の認識では、経験的観察とそこからのデータの収集が最も根底の基礎である。これが事実学の領域である。

かつて、近代のはじめに哲学者や数学者が構想した（デカルトやライプニッツなど）「普遍数学」（普遍学）の構想は、世界の一切を「純粋な形相性の体系」として考察できるという可能性の探究を意味していた（「精密な形相的学」）。それは、世界の存在の全体が完全な数学的な秩序をもっており、この秩序を端的な数学的公理へと還元できるという構想だった。この構想は結局挫折したが、その理由については別の機会にゆずる。〔⇓主な理由の一つは、自然事象はほぼ厳密な法則性をもって現われるが、しかしさまざまな現象の法則性がどのような形で現われるかは、ただ観察によってのみ知られ、事前には決して知られないから」

△第8節　事実学と本質学との間の依存関係

形相的諸学（本質学）は、経験的認識とは独立に成立するので経験的諸学（＝事実学）の認識成果に依存しない。しかし逆は言えない。その理由は二つある。

第一に、経験科学は具体的経験、観察や実験などを基礎とするが、ここから何らかの判断を取り出すとき、必ず一定の形相的学の諸原理に従わないわけにいかない。つまり何らかの「本質観取」が必要であり、それゆえ、論理学、数学、幾何学、多様体論（＝集合論）

などの形式的な諸学科と関係をもつ。

第二に、どんな経験的事物や事実も質料的な要素をもつから、この質料についての本質把握を含むことになる。〔⇓たとえば音一般、色一般の本質、心的なもの一般の本質など〕すなわち、第一に対象の存在様態、形態性の把握において、第二に対象の質料、諸性質の把握において、経験的認識はその本質学を必要とするからである。

▲第9節　領域と領域的形相学

〔⇓この節は重要。ここでフッサールは、超越論的現象学のつまり「本質学」の全体構想を示している。しかし説明はひどく難解なので、思いきって図表の形にして示すことにする。この総体図を念頭においておくと、しばしば出てくるフッサールの難解な用語の意味を確認する上で助けになるだろう〕

＊参考資料　フッサールによる学問領域論の総体図　（竹田）

フッサールによる解説をくわえると以下になる。

フッサールによる学問領域論の総体図

（事実学）
- 経験的学問——自然科学　物理学　化学
  人文科学　心理学　歴史学　社会学　等々

↑　↑　（基礎づけ関係）

（本質学）
- 形相的学問
  - 形式的存在論　（数学・純粋論理学）
    「形式的領域」
    論理的諸範疇（分析的範疇）
    →性質・事態・関係・同一性・集合・全体－部分その他
    意義諸範疇
    →命題の種類（主述）・命題形式（肯定・否定判断等）
    範疇→①命題構成的な諸範疇　事態・関係・統一・順序など
    ②基体の諸範疇……①の究極的基礎→「すべての個物」
  - 質料的存在論
    「質料的領域」
    （領域的存在論）
    （形相的存在論）
    - 質料的な学→物理学・生物学・精神諸科学についての本質学
      ①自然一般の形相学（自然の存在論）
      ②生命一般の形相学
      ③精神一般の形相学（人文的諸対象）
      文化的諸存在
    - 抽象的な学→幾何学　（空間形態：時間形態）
      （近代の自然学、延長と時間の経験学の基礎となる）

まず、経験的学問（事実学）と形相的学問（本質学）が、学問の最も大きな区分。経験的学問は、自然科学と心理学、歴史学、社会学、政治学などを含む人文科学に分かれる。

つぎに本質学、つまり形式的学問は、「形式的存在論」（数学、論理学）と「質料的存在論」に分かれる。〔⇒質料的存在論は、領域的存在論とか形相的存在論などとも呼ばれて大変煩瑣である。これらを存在論と呼ぶのは、さまざまな本質がどのように存在するかの基礎論だから。数学の存在様式、自然事物の存在様式についての本質学という意味であって、ハイデガーの「存在の真理」の探究としての「存在論」とはまったく別の意味だ〕

形式的存在論は、数学と論理学を作りなす根本公理や基礎概念についての秩序を考察する学問。もう一つの質料的存在論は、物理学、生物学および人文科学についての本質学。*

＊物理学・生物学・人文科学は、すでに実証科学として成立しているが、この領域は、同時にそれらの「存在本質」についての学（本質学）をもたねばならず、この本質学が実証科学の方法的基礎づけとならねばならない。とくに、人文科学はこの方法的基礎論がないために、たえざる諸説の乱立と対立が避けられないものとなっている、というのがフッサールの考え。

ここに抽象的な学として幾何学が置かれているのは、それが数学、論理学のような純粋本質を扱うのではなく、あくまで現実の空間や時間の形態という経験世界との対応をもつ、という理由による。

△第10節　領域と範疇。分析的領域とその諸範疇

〔⇓以下、10節〜17節は、9節の学的全体構図の解説。現象学的還元の方法の理解にとってはほとんど助けにならないので、初心の読者はスキップして問題ない。『論理学研究』などを研究したい人には多少役立つだろうが、全体構図の用語規定とその解説なので『イデーン』解読上の重要性はなし〕

領域の概念と範疇の概念の関係性について。「範疇」は、たとえば「物理的自然」という領域性を指示するが、他方、そのつどの一定の「質料的領域」を領域一般の形式、つまり対象一般という形式的本質へと関係させる。

本質における「質料的本質」と、「空虚な本質」つまり「形式的存在論」との区分。「形式的存在論」とは「純粋論理学」（つまり「数学」や「論理学」）についての本質学を指す。それは質料的存在論すべてに共通の形式的構成を規定する。

「形式的領域」は、性質、相対的性状、事態、関係、同一性、同等性、集合、基数、全体と部分、主と類などの「分析的諸範疇」をもつ。さらに、命題諸形式、それに属する諸概念、肯定判断、否定判断、選言判断などを「意義的諸範疇」としてもつ。

△第11節　命題構成的な対象性と、究極的な基体。命題構成的な諸範疇

対象性一般における「命題構成的な形式」と「命題構成上の基体」との区別。つまり9節の総体図における①命題構成的な諸範疇と②基体の諸範疇の区別。

①事態、関係、性状、統一、多数、基数、順序、序数などの諸範疇。

②基体とは上位の論理範疇を基礎づけるもの。最終的には「個物」にいたる。

「範疇的対象性」はすべて範疇的形成体の基体としても機能し、範疇的形成体はまた別の範疇的形成体の基体となるといった具合に続く。こうした形成体のすべては、最終的に究極的な基体、つまり最低の段階の対象、つまり「すべての個物」へと関係づけられている。

△第12節　類と種

どんな本質（事象内容の本質も事象内容を欠いた形式的本質）も、「類的普遍性」と「種的特殊性」という段階的系列をもつ（たとえば、人類と黄色人種）。

つまり、あらゆる本質（概念）は、類と種という階層区別のうちにある。系列の下方へ降りると、最低の「種的差異」（形相的単独態）に到達する。上方へと昇ってゆけば、種や類の本質を通って「最上位の類」に達する。

数では「基数一般」が、最上位の類。二とか三などが、この類の最低の差異ないしは形相的単独態（個的な数）。

事象内容の本質では、事物一般、感性的性質、空間形態、体験一般などが最上位の類。具体的な事物、その感性的性質・空間形態・体験などに属する本質要素が、形相的単独態（種的差異）。

△第13節　類的普遍化と形式化

類的普遍化と形式化とは違う。「類的普遍化」は多様なものを一定の類として包括化すること。その逆は「種的特殊化」、つまり形式的なものを事象的内容をもつものへと転化すること。

ある本質が形式的普遍性に置かれることは、それがより高次の「本質類」のもとに置かれることとは別である。

例↓「三角形」の類的最上位は「空間形態」。「赤」の最上位は「感性的性質」。三角形、赤、その他は「本質」という範疇的概念に属するが、「本質」は類的上位ではない。

空間から「ユークリッド多様体」へと移行することは、類的普遍化ではなくて一つの形式的普遍化。こうした区別の確認はすべて「本質直観」によってのみなされる。

△第14節　基体諸範疇。基体本質と、トデ・ティすなわちここにあるこのもの

「事象内容をもつ基体」と「空虚な基体」の区別。

一方に、「事象内容をもつ基体」、つまり「個物」がある。これに対して「空虚な基体」つまり対象の意味がある。これは、命題構成的、論理学的な対象性、論理的概念性のこと。〔⇓対象の「ここにあるこのもの性」（偶然性）と「意味＝本質」。2節の「個的直観」の偶然性と「本質」の必然性の区別の再論〕

個物を「分割不能なもの」という語で示すのは適切ではない。アリストテレスの「トデ・ティ」（ここにあるもの）を使うのがよい。どんな「ここにあるもの」（個物）も、内容的成素（質料）とその「基体本質」（意味）をもつ。

△第15節　自立的な対象と非自立的な対象。具体物と個物

諸対象における、個物、具体物、抽象物という形式的範疇の区別が示される。抽象物は非自立的本質をもち、具体物は自立的本質をもつ。具体物でありかつ「ここにあるもの」が個物と呼ばれる。

具体的な個物は自立的対象だが、その形式性として本質（意味、概念性）をもつ。個物こそは、純粋論理的に要求される根元的な対象。この根元としての絶対者から、すべての論理的な「導出物」が関係づけられる。

具体物は、一つの形相的な単独態。というのも、種や類は原理的に非自立的だからである。それゆえ、それぞれの具体物は抽象的なそれと具体的なそれとに区別される。

△第16節　事象内容を含んだ領圏における領域と範疇。アプリオリな総合的認識

領域と範疇について。

領域とは具体物の最上位の類のこと。領域的本質とは綜合的な本質規定に基づくもので、その形式性や論理学的な真理にもとづくものではない。

これら区分の諸概念は次の際立った特色をもつ。すなわち、それらは、領域的公理によ

って領域的本質を表現し、あるいは、領域の個的対象に、「アプリオリ」にまた「総合的」に属する事柄を普遍的に表現する。

それゆえ、(カントの)「アプリオリな総合的認識」とは領域的な公理のことと理解してよい。また「範疇」(カテゴリー)と呼ばれるものは「領域的な根本概念」を意味することになる。

▲第17節　論理的諸考察の終結

ここまでの考察は、すべて純粋に論理的な考察。つまり、学問一般のもろもろの領域や範疇についての区別と関係についての考察である。ここで現われた区分の一般性は、順次積み重ねられてきた諸定義の意味にしたがって現われた、純粋に論理的な区分の一般性である。

重要なのは、一切の経験的な諸学問は、それを支える領域的存在論、つまりそれが属する基礎的な本質論の上に打ち立てられなければならないということだ。それゆえ、具体的な経験的学問に適切な哲学的基礎論を与え、またその区別を明瞭にするという課題が存在する。

たとえば、このことで「物質的事物」と「心」という探究の領域の本質的区別が明瞭となるが、またその重なり合いや関係の本質についても、厳密な記述が可能となる。こうして、たとえば身心問題は、従来の仕方ではなく、その認識対象としての本質が明らかにされることで、研究領域の適切な区分が確定されることになるだろう。

ここに、現象学的還元の遂行が、個的直観(意識領域)から出発して、その現象の一切についての類的、範疇的な区別を確定し、世界認識一般の世界構成論を形成するという『イデーン』の全体構想が示されることになる。

第二章　自然主義的誤解（18節〜26節）

□第二章　章前解説

現象学における「理念」「本質」「本質直観」といった概念は、経験主義の（自然主義的）観点からは、総じて批判される。プラトン的「実念論」であるという批判が典型的である。フッサールからいえば、そもそも哲学は、ことがらの事実関係ではなく、人間や社会の領域の「意味の連関」を探究する学だから（これが「本質学」）、「意味」「本質」「理念」といったものを自立的なものと見なして探究の対象としないかぎり、哲学の営み自体が成り立たない。

経験主義に対するフッサールによる反論は以下である。経験主義は、経験を実体的なものとして考え、経験を成り立たせている根本契機としての「本質」や「理念的（イデアール）なもの」を認めない。まさしくそれゆえに、経験主義は、これを追いつめると単なる事実の探究としての実証主義か、あるいは逆に「確実なもの」の根拠を疑う懐疑論に行きつく。経験論は実体や「確実なもの」を素朴に前提しているために、「確実なもの」の根拠を疑う懐疑論によって相対化されてしまうからである。

この章でフッサールは、あらゆる哲学的探究の根本原理として「一切の諸原理の原理」という概念を示す。主観（意識）における「個的直観」と「本質直観」という二契機が、「一切の諸原理の原理」とされる。ここで個的直観とは、ありありと直観に与えられる知覚直観を指し、本質直観は、個的直観に支えられて同時に与えられてくる、意味の直観のことである。

なぜこれらの意識における諸契機が「一切の諸原理の原理」と呼ばれるべきか。フッサールによれば、この主観（意識）に現われ出る（＝所与される）具体的像と対象意味は、誰にとっても、第一の、絶対に疑えない明証性であり、それゆえ人間の一切の認識、認知の根元的な源泉をなす。この「一切の諸原理の原理」の設定によって、現象学は、最も根元的な第一歩からはじめる哲学の方法となる。これがフッサールの主張である。

▲第18節　批判的議論への導入

事実と本質、あるいは事実学と本質学との区別について一般的な記述を行なってきたが、これは、われわれが構想する本質学の前提となるからだ。

ここで重要なのは、ここまでの論述は、どんな特定の哲学的立場にももとづかず、最も厳密な意味で「原理的な・最初から摑まえていく明示」という哲学的な記述の方法を遂行してきたということだ。

この方法は、われわれの直観（＝意識）のうちに直接与えられた諸区別を、可能なかぎり端的に表現にもたらすという方法、一切の既成の仮説や学的知見の前提なしに遂行される記述であり、これこそ、哲学における、真に「最初から摑まえられたもの・端緒・つまりは原理」である、と言える。われわれは、この哲学的記述を「哲学的エポケー・判断中止」と呼ぶ。

この方法は、いわゆる「経験主義」に対立するものである。経験主義は「理念」「本質」「本質直観」といったものを認めないという点で、致命的弱点をもつ。

われわれとしては、経験科学に対する現象学による哲学的基礎づけは、経験科学にとって不可欠であり、とくに心理学や精神科学にとって、本質学的基礎づけは欠かせないものと考える。

▲第19節　経験と、原的に与える働きをする作用とを、経験主義は同一視するということ

哲学の認識は、一切の先入見を排して事象そのものにはじめの根拠をおくのでなければならない。経験主義は、これを「あらゆる学は経験から出発すべし」あるいは「直接的経験にもとづかねばならない」と表現する。しかしこの言い方にはまだ不徹底がある。経験主義のいう始発点としての経験は、じつは一つのすでに判断されたものだからだ。

現象学は、むしろ認識－判断を根拠づける真の始発点を「事象そのもの」と呼ぶ。すなわちそれは意識という事象であり、この意識事象のうちに、われわれの一切の認識判断の根本的な根拠となる諸契機が存在する。

これをわれわれは「原的に与える働きをする直観」と呼ぼう。それはいくつかの種類をもつ。〔⇓後に出てくるが個的直観と本質直観（知覚直観と意味直観）〕

経験主義は、「理念」や「本質」といったものを、経験から抽象された構成物にすぎないとするが、これも大きな間違いである。〔⇒「理念」「本質」も「原的に与えられる」直観の一つだから〕この原的な直観がわれわれの認識を根拠づけているのだが、そのありようをあるがままに把握しなければならない。このことが哲学的認識の真の始発点となる。

もうひとつ重要なことは、認識‐判断の最も端緒となるものが原的な直観であり、それがいくつかの種類をもつという洞察それ自体が、事象（意識事象）を「ありありと見る」原的な直観によってのみ可能である、ということだ。その意味でも、「原的に見る働き」こそ一切の認識の根底的基礎なのである。

△第20節　懐疑主義としての経験主義

以上のことからわれわれは、諸学の真正な基礎として「経験」という概念の代わりに「直観」の概念を立てるべきである。つまりそれは、「学一般」と「経験科学一般」の同一視を拒否することだ。この二つのものをはっきりと区別することができなければ、われわれは、必然的な理由で認識の絶対的な根拠はどこにも存在しないとする懐疑主義にゆきつくことになるだろう。

△第21節　観念論の側における不明瞭さ

なにより重要なのは「純粋な直観」の作用といえるものが存在すること、さらにこの作用によって意識＝事象のありようを、一つの所与性の形式（⇒像や直観が意識に現われ出る＝与えられるその仕方のこと）として把握することができること。このことが意識事象の本質を把握するための前提である。つまり「本質」は意識のうちで「対象として原的に与えられ」ること。それが意識の「明証性」ということである。

人は明証性について「明証感情」という概念をもちだす（これはヒューム）。しかし明証感情は捏造《ねつぞう》されたものにすぎない。また「明瞭さの感情」といったことも、意識の明証性とは関係がない。

▲第22節　プラトン的実念論という非難。本質と概念

現象学の考えに対して、現象学は理念や本質を実在的なものと見なす「プラトン的な実念論」である、という批判がある。だが、批判者たちは、対象と実在物あるいは現実と実在的現実とを混同しているのである。現象学者は、たしかに理念や本質を一つの自立した対象として扱うが、しかしそれを実在物だと考えたりはしない。

対象はすなわち実在対象ではありえない。対象という概念の本質をよく考えれば、この素朴な誤りは避けることができる。たとえば、音階における「C音」を誰も実在物と考えないが、それが一つの対象であることは明らかである。同様に、整数の「2」も実在物ではないが、これも一つの対象である。

現象学への批判者たちは、こうした「理念的対象」の本質を把握することができない。彼らは対象＝実在物であるという素朴な誤謬を暗黙のうちに固守している。

彼らはいう。われわれが本質と呼んでいるものは、それ自体実在するものではなく、ただ具体的なものからの抽象にすぎない。それゆえ「本質直観」などといったものも存在し

えない。こういう考えは形而上学的思考の残滓《ざんし》であると。この批判にわれわれはつぎのように答える。なるほど本質は一つの概念だが、単なる心理的形成物ではない。

たとえば、1、2、3といった整数をもちいて、2＋2＝4などの足し算を行なうときわれわれは、2、4といった数を表象しつつ足し算を行なうが、この数自身は、表象によって作り出されたものではなく、表象作用に関係なく存在する自立的対象である。つまり、それは誰にとってもつねに同一の本質（意味）をもつものとして存在する、という意味で、一つの自立的な対象として扱われる理由をもつのである。

第23節　理念化の自発性。本質と虚構物

しかしながら、赤とか家などのような概念、あるいはそう言いたければ、そうした本質が抽象によって個的直観から生じてくるということは、真実であり明らかなのではなかろうか、と異論を唱えら

第23節　理念化の自発性。本質と虚構物

だが、「赤」や「家」といった概念（あるいは本質）は、そもそも具体的な知覚対象からの抽象によるものではないか。また、われわれは任意の概念からある概念を恣意的に作り出すのであって、

れるだろう。また、われわれは概念をすでに形成されている概念から恣意的に構築しているのではないだろうか。だから、やはり心理的な産物の話だ、と。恣意的な虚構の場合におけるのと似ている、とつけ加えられるかもしれない。われわれが自由に空想する、笛を吹くケンタウロスは、まさにわれわれの表象の形成物ではないか、と。

——われわれの答えはこうである。たしかに、「概念形成」もまた同じく自由な虚構も自発的に行われるのであり、自発的に産出されたものが精神の産物であることは自明である。しかし、笛を吹くケンタウロスに関して言えば、ケンタウ

つまり概念というものは心の産物にすぎない、といった異論が出てくるに違いない。

たとえば、われわれが「笛を吹くケンタウロス」を自由に想像（空想）するとき、それはわれわれの心が表象したものではないか、と。

しかし、われわれはこう答える。たしかに概念や想像は、心の自発的な表象の作用として行なわれるから、それらが心の産物であることは間違いない。だが先の「ケンタウロス」について言えば、われわれがケンタウロスを自由に思い浮か

ロスは、表象されたものが表象と呼ばれるような意味において表象であるが、表象が心的体験を呼ぶ名であるという意味においては表象ではない。ケンタウロス自身はもちろん心的なものではなく、心のなかにも意識のなかにも、またそのほかのどこにも存在していないし、そればかりか「何ものでもない」のであり、まったくもって「空想」なのである。

　より正確に言えば、その空想体験はケンタウロスについて空想することなのである。そのかぎりにおいて、もちろんその体験そのものには「ケンタウロスと思い込まれたもの」つまりケンタウロスと想像されたものが属している。しかし、

べるとき、この思い浮かべることは、表象あるいは表象作用である。だが、思い浮かべられた「ケンタウロス」それ自身は、一つの本質（意味）であって〔⇒半人半獣で角笛を吹いたりする神話に現われる想像上の生き物、という意味〕、それはどこにも現実存在しないものだが、「本質＝意味」としては一つの「同一性」としての対象性をもっている。

　つまり、先の異論は、ケンタウロスを表象する作用（想像・空想）と、その結果としての、表象された「ケンタウロス」という本質＝意味とを、混同しているのだ。

　概念も同じで、われわれはたしかに自

この空想体験と、空想体験のなかで空想されたものそのものとを混同しないでもらいたい。そういう次第で、自発的な抽象作用においても、産出されるものは本質ではなく、本質についての意識なのである。そして、その際の事情はこうである。そしてこれは明らかに本質上そうなのである。

すなわち、本質について原的に与える働きをする意識（理念化）は、そのものにおいてそして必然的に自発的な意識であり、一方、感性的に与える働きをする意識、つまり経験的意識にとっては、自発性は本質外のものである。個的対象は、その対象に「対する」何らかの自発

発的な抽象作用としてある概念を形成するが、この形成された概念は、それ自体、一つの本質＝意味として自立的な対象である。

つぎのようにいえる。本質についての「原的に与える働きをする意識」、つまり、ある対象からその「意味を観て取る意識」は、自発的な意識である。これに対して、感性的に与える働きをもつ意識、個々の対象を受けとる知覚の意識は受動的な意識である。

的な「働きかけ」なしに、「現出する」ことができ、統握によって意識されることができる。以上のような事情であるから、本質意識と本質そのものとの同一視、したがって本質の心理主義的解釈を要求することができるような動機は、本質意識と本質そのものとの混同という動機以外には、見いだされないのである。

すなわち、対象の知覚には、向こうからやってくる感覚を受けとる受動的な働きと、それを「これは何か」と志向を向けてその意味を「統握」（把握）する能動的働きがある。それゆえわれわれは、「本質そのもの」（概念的対象それ自体）と「本質意識」（本質を把握する意識）とは別であることを知る。このことで、先の異論（本質それ自体などはない）ははっきりと退けることができる。

＊「統握」Auffassung はしばしば出てくる用語だが、あまり明確に規定されていない。一般的意味は「把握 - 理解すること」だが、フッサールはこれを、知覚感覚の多様を意識がまとめ上げつつ把握する作用、といったニュアンスで使っている。

〈改行〉しかし、虚構する意識を本質意識に並べてみると、本質の「実在」に関してなお疑念を抱かせるかもしれない。懐疑論者が言うように本質とは虚構ではないのか、と。一方、より一般的な「直観する意識」という概念のもとで虚構と知覚を並置すると、知覚に与えられる対象の実在を損なうように、上で述べた並置は本質の「実在」を損なってしまうのだ。

事物は知覚され、想起され、したがって「現実的」なものと意識されたりすることができる。あるいはまた、変様された作用において、疑わしいものとか、空

懐疑論者なら、虚構の意識（ケンタウロスを想像すること）と本質の意識（ある概念を思い浮かべること）を並べて置いて、どちらも心の自発的作用だから、概念も想像的な表象も虚構的なものにすぎない、というかもしれない。そのことで概念の現実性を否定するのだ。だが、同じように、知覚も想像もどちらも「直観的な意識」だなどといえば、知覚と想像の本質的な違いは見えなくなる。

どんな事物も、知覚されたり、想起されたりできるが、そこでは「現実的」なものとして意識される。またどんな事物も想像（空想）されるときには、「疑わし

しい（幻覚的な）ものと意識されたり、最終的には、まったく別の変様において、「単に眼前に漂うだけ」のもの、いわば現実的、空しい等々のものとして眼前に漂うものと意識されることもできる。

本質に関しても、事情はよく似ている。それに連関するが、本質もまた、ほかの対象と同様に、ある時は正しく、ある時は誤って思い込まれることがありうる。たとえば、幾何学的思考においてそうであるように。しかし、本質把握や本質直観は多様な形態の作用であり、とくに本質観取は原的に与える働きをする作用であって、またそのようなものとし

いもの」や「幻覚的」なものと意識される。さらにまったく別の変容によって、「いわば現実的だが空虚なもの」〔⇒ここは何を指すか判明ではないが、おそらく物語的な虚構のこと〕についての意識になったりする。

本質（概念的な意味）についても、事情は事物対象とそう違わない。事物が、あるとき現実的なものと意識されたり、またあるときは空虚なものと意識されたりするように、本質もまた、あるときは「正しいもの」（現実的なもの）として、しかしあるときは、たとえば数学的な思考で生じるように、間違って思考されたりする。

て、感性的知覚の類比物であって空想の類比物ではないのである。

第24節　一切の諸原理の原理

しかし、間違った理論についてはもう十分だろう。すべての諸原理の原理については、考えられうるどんな理論もわれわれを迷わせることはできない。その原理とはこうである。あらゆる原的に与える働きをする直観が認識の正しさの源泉であるということ、すなわち、われわれ

それゆえこういえる。ありありと対象の意味を与えてくる本質観取の働き、つまりわれわれに本質が与えられるそのあり方は、「空想されたもの」より、むしろ事物知覚に似ていると。

第24節　一切の諸原理の原理

さまざまな原理のうちで、これこそ「諸原理の原理」といえるものがある。すなわちそれは、およそ「原的に与える働きをする直観」こそが、一切の認識の正しさの根源であるということ、すなわち、「われわれの直観に、原的に（ありありとしたリアルさで）現われてくるもの

に対し「直観」のうちで原的に（いわば、ありありとした現実性において）現れるすべてのものは、それが自らを与えるとおりに、しかしまた、それがそこで自らを与えてくる枠内においてのみ、端的に受け取られるべきである、ということである。

われわれがそれについて迷わされないのは、どんな理論もその理論の説く真理

を、それが現われてくるままに、端的に、あるがままに受けとらねばならない」、という原理である。*

*少し補足。あらゆることは論理的には疑いの余地がある。しかし、ここでの「原的な直観」（意識に直接現われるありありとした明証的な直観、つまり、知覚の直観、本質＝意味の直観など）は、決してそれ自体を疑いえず、また疑うことに意味がなく、もしそれを疑えばどんな確実なものも残らないもの、それゆえ、認識における最も基礎的な底板といえるものだ、ということ。

われわれがそう主張するのは、どんな学問的理論であれ、それが主張する認識

そのものを、また原的所与性からしか汲み取ってくることはできないということをわれわれは理解しているからである。単なる説明によって、また適合的な意味によって、こうした所与性に表現を与えること以外には何もしないあらゆる言説こそは、われわれがこの章の導入の文章において言っておいたように、そういうわけで本当に、絶対的な端緒であり、真正の意味において基礎づけの資格を備えたものであり、原理（principium 始まり）なのである。しかし、このことは、とくに、原理ということばが通常それに限られるような、この種の普遍的認識について言えるのである。

の正当性の最も基礎となる根拠を求めれば、それは結局のところ「原的に与える働きをする直観」に遡るほかないことをわれわれが知っているからだ。

　したがってまた、この明証的直観を端的にかつ適切に表現する言葉は、原理的認識という言葉が妥当する一切の学問や認識にとっての、絶対的な端緒、始発点となるべきものといえる。

〈改行〉この意味で、自然研究者が、つぎのような「原理」にしたがうのは、完全に正しい。つまり、どんなものであれ自然の事実に関する主張については、その主張を基礎づける経験が問われるべきだ、という原理である。というのは、それは、ひとつの原理だからであり、この原理は全般的洞察から直接的に汲み取られた主張だからである。実際われわれは、原理のうちで用いられている表現の意味を完全な明瞭性へともたらし、またそれらの表現に属している本質を純粋な所与性へともたらすことによって、その点について確信することができる。

しかし同様の意味において、本質研究

自然研究者、自然科学者たちが、「原的な所与性」を一切の研究の普遍的な基礎としていることは、正当なことだ。彼らの根本的な出発点は、まさしく直接的な観察による知覚直観なのである。このことは、上の原理が意味するところが適切に表現されるなら、誰もが納得するはずのものだ。

本質研究者たち〔⇓本質学を研究対象

者は、また普遍的命題を利用し発言する者は誰でも、上の原理と平行するひとつの原理に従わなければならないのである。そして、それは、そうした原理として存在しなければならない。というのも、すべての事実認識を経験によって基礎づけるという、たった今承認された原理は、それ自体経験によって洞察しえないものだからである。――どんな原理も、どんな本質認識も総じて経験によっては洞察しえないように。

とする者、数学や論理学、哲学など」もまた、その研究においてしたがうべき平行的な「原理」をもつ。*というのも、この自然科学者がしたがうべき上述した原理自体が、われわれの意識のありようについて内省された「本質洞察」として取り出されたものだからだ。

＊「平行的な「原理」」が明示されていないので分かりにくいが、自然科学者は原的な知覚直観に、本質研究者は原的な本質直観にしたがえ、という平行的原理。

△第25節　自然研究者として実践しているときの実証主義者、実証主義者として内省しているときの自然研究者

実証主義者たちは理論上「本質認識」を否定するが、学問的実践においては本質認識を

排除できず、むしろ彼らも「本質洞察」を行なっている。実証的学問にとって、幾何学、算術、形式論理学はその基本手段になっているが、これら純粋な形式的学問は本質洞察に基礎づけられているのだ。

しかし、実証主義者は、数学や論理学の洞察もじつは人類の経験的洞察の歴史の成果であると主張する。これはまったく理がないとはいえないが、しかし、つぎのように考える必要がある。

われわれが、たとえば数学の基礎的公理の正当性を確証しようとするとき、この確証自身は、何ら経験的な洞察を含まず、ただ内的な直観における本質洞察だけで可能となっている。誰もがお金の価値の計算を自由に行なっているが、このときお金の形成の歴史についての知識を全く必要とせず、ただ本質洞察だけをその根拠としているのと同じである。

△第26節　独断的態度の諸学問と、哲学的態度の諸学問

現在、二つの学問がある。独断的態度の学問と哲学的態度の学問である。そして後者からしばしば懐疑論が現われる。

前者は自然科学の態度。正当な認識の基礎問題には煩わされず、ただ自然の認識の方法をより精密に鍛えあげ、その結果大きな成果をあげた。しかし、認識の根本原理についての考察、とくに「本質」的対象についての洞察を放置したため、近年、認識問題をかかげる懐疑論に大きく侵食されている。

認識問題について真に本質的な認識批判を遂行する哲学は現象学以外には存在しない。自然科学は独断論的態度をとっているが、懐疑主義のかかげる認識論上の議論に煩わされることなく、自らの方法に専念してなんら問題ない。本質的な認識批判という課題は、一切の認識の妥当性を根拠づける認識の基礎原理の探究、つまり現象学的な探究を推し進めることによってのみ果たされるだろう。

第二篇　現象学的基礎考察

第一章　自然的態度のなす定立と、その定立の遮断（27節～32節）

□第一章　章前解説

この章から、現象学的還元の具体的方法が開始される。そのポイントを整理すると以下。

①まず、われわれが世界を見るごくふつうの「自然的態度」の内省的描写（しかしまだ現象学的でない一般的内省）。これを自然的な世界確信のありようとして、「世界の一般定立」の概念で規定する。つまり「人が世界を認識する一般的な確信（定立）のあり方」。

②「エポケー」、すなわち現象学的態度の遂行。自然な世界定立、自然な世界確信をいったん自覚的に遮断すること。世界が客観的に存在しているという措定を一時中止、棚上げすること。

③エポケーの遂行によって、世界の一切の事象は主観（意識）内の事象へと還元される。「事象自身に還れ」とはこの態度変更のこと。

④主観（意識）内に事象として生じていることの現象学、内省的描写。

ただし、単に自分の意識内部を内省して描写するというのではない。ここが重要だが、現象学的な意識の内省とその描写とは、あくまで、対象の存在確信が意識内で構成される、その構造の描写を意味する。この本質構造は、「コギタチオ－コギターツム」構造として描写される。

「コギタチオ」は、私の意識に現われてくる感覚的諸契機（典型的には、知覚像、赤い、丸いなど）。コギターツムは、そこから生じる対象意味の確信（これはリンゴだ）。

一つ注意すべき点は「構成」の意味。諸契機（赤い、丸い……という感覚内容）がつぎつぎに現われてきて、それらが意識によって総合、統一されて「リンゴ」という対象意味を「構成」する、というニュアンスはあまり妥当ではない。

われわれの知覚は、ふつう対象の感覚契機（赤い、丸いなど）をほとんど一瞬でとらえ、またそれとほぼ同時に、「リンゴだ」という対象意味（コギターツム）を直観的に与える。『デカルト的省察』では、このことが「一瞥的」な知覚という言葉で説明されている。

フッサールの説明は、以後ますます細部にわたって複雑、難解になってゆくが、忘れてならないのは、どこまでもこの「コギタチオ－コギターツム」構造が対象確信の構成の基本構造として示されていること。

⑤確信成立の構造は、主観的な確信構成の構造だけでなく、他者との間主観的な確信構成の構造ももつこと。ただこの構造についてはまだ少ししか触れられていない。（29節）

⑥最後に、ここで記述されているのは、人間の根本的な世界確信つまり「世界の一般定立」の構成の解明であること。「世界の一般定立」とは、誰もが自然にもっている、世界は客観的に存在しているという暗黙の確信のこと。暗黙の世界確信。

第27節　自然的態度の世界　私と私の周囲世界

われわれは、われわれの考察を、自然的な生をおくる人間として始めよう。つ

第27節　自然的態度の世界　私と私の周囲世界

ここでわれわれは、ごくふつうの日常的態度で、つまり見たり、聞いたり、考

まり、「自然的態度において」表象したり、判断したり、感じたり、意欲したりする人間として。それが何を意味するのかを、われわれは簡単な省察において明らかにするが、それは一人称単数で語るのが一番よい。

〈改行〉私はある世界を意識する。それは、空間のなかで果てしなくひろがり、時間のなかで果てしなく生成しまた生成してきたものである。私がこうした世界を意識するということが意味するのは、何よりもまず、私がそれを直接的直観的に眼前に見出し、私がそれを経験する、ということである。見たり、触ったり、聞いたり等々することによって、つま

えたり、意欲したりするふつうの人間として、「身のまわりの世界」がわれわれにどう現われているのかを確かめてみよう。つまり、「私にとって」世界はどのように現われているのか？

まず私のまわりには、空間世界が拡がっている。しかし同じく時間的な世界も拡がっている（過去、現在、未来）。そして私のまわりには、さまざまな対象が存在しており、それらを私は、直接見たり、触ったり、感じたりしている。

私にとってそれらの対象は、「いま、そこに」というあり方で、つまり、時間的、空間的に「目の前に」存在してい

り、感性的知覚のさまざまな仕方において、物体的事物は何らかの空間的配置のうちで、私にとって端的に現に存在している。つまり、文字どおりの、あるいは比喩的な意味において、「眼前に」存在しているのである。私が物体的事物にとくに注意を向け、考察したり、意識したり、感じたり、意欲したりしてそれらに関わっているのか否かは関係がない。

　動物的存在、たとえば人間もまた、直接的に私にとって現に存在している。私は目を上げ、彼らを見、彼らが近づいてくるのを聞き、彼らの手を握り、彼らと語りながら、彼らが何を思い浮かべまた考えているのか、彼らのうちにどんな感

る。そしてそれらは、私がそれらに視線や注意を向けていようといまいと、それについて考えていようといまいと、ずっとそこに存在している（と私は考えている）。

　事物だけでなく人間や動物もそこにいる。私はまわりに他人がいるのを見る。そして彼らと握手したり、話したりする。また彼らが何を考え、何を欲しているのか、といったことも自然に感じとっている。

情が動いているのか、彼らが何を願望しあるいは意欲しているのかを、私は直接的に理解する。私が彼らに注意を向けていない場合でさえ、彼らもまた私の直観野に現実として眼前に存在しているのである。しかし、彼らが、そして同じように他の対象が、まさしく私の知覚野のなかにあるということは必要ではない。現実的対象は、一定の多少とも周知の対象として、それら自体が知覚されていなくとも、直観的に現前してさえいなくとも、顕在的に知覚された他の対象と一緒になって、私にとって現に存在するのである。

私は私の注意を、たった今見て注目し

事物と同じく、他人たちも、私が彼らに直接視線や注意を向けていようといまいと、それとは無関係にずっとそこに存在している（と私は考えている）。

つまり私は、いま直接それらを知覚していない場合でも、私のまわりには、つねにさまざまな対象や他人が、ほとんどが周知のものとして現実存在していることを考えている。

たとえば、いま私は、目の前に見てい

ていた机から、私の背後の今まで見ていなかった部分へと転じさせ、さらにベランダへ、庭のなかへ、あずまやのなかにいる子供たち等々へと向けることができる。つまり、私が直接的に一緒に意識している周囲のなかのそこここに存在しているものとして私が「知っている」すべての対象へと注意を転じることができるのである。——この「知っている」は、概念的思考を含まず、注意を転じることによって初めて明瞭な直観へと転化しているのだが、しかしそこでもただ部分的にしか、しかもたいていは非常に不完全にしか明瞭な直観へと転化していかないようなものである。

る机から目をそらして、いままで見ていなかった私の背後に目線を向け変え、さらにその先のベランダや庭、また庭の中のあずまやにいる子供たちを見ることができる。

　要するに私は、私の周囲に存在していると「知っている」どんな対象にも、いつでも任意に、私の視覚や注意を向け変えることができる。

　つまり、私は周囲のさまざまな対象が、「いま、そこに」存在していることを暗黙のうちに知っている。だが、その気になればいつでも、それらに注意を向けたりまた直接知覚したりできる。

〈改行〉しかしまた、つねに顕在的な知覚の周囲をなして共に現前しているもの、この直観的に明瞭だったり不明瞭だったり、明確だったり不明確だったりしながら共に現前しているものの領域によって、目覚めているどんな瞬間にも私にとって、意識上「眼前に」存在している世界が汲み尽くされるわけではない。世界は、むしろ、確固とした存在秩序をなして限りないところまで達しているのである。

顕在的に知覚されたもの、多少とも明瞭に共に現前しかつ規定されているもの（あるいは少なくともある程度規定されているもの）は、未規定の現実という曖昧に意識

すでにみたように、私には、私が注意を向けてありありと（顕在的に）見えている領域とともに、そのまわり（背景）の顕在的ではない領域も見えている。もちろん、この視野の領域が私にとっての世界全体ではない。

私は、いま私の視野に直接見えているこの領域の先に、客観的な世界が、確固とした秩序をもって、無限に空間的に拡がっていることを知っている。

この「まだ見えていないが存在しているはずの世界」（未規定な世界）は、私の視野を取り囲み、部分的に視野のうちに入り込んでいる。私はいつでもその外的

された地平に、一部は侵入され、一部は取り囲まれている。私は、注意という照らしだす眼差しの光線をその地平のなかに送り込むことができるが、成果をあげたりあげなかったりする。はじめは曖昧だがやがて生気をおびてくる、規定作用をもつ準現前化が私に何かを取り出してくる。そのような一連の想起がつながり、規定性の範囲が次第に拡がっていき、場合によっては、中心的な周囲としての顕在的な知覚野との連関が作り出されることになるのである。

しかし、普通はそうではない。つまり、曖昧な未規定性の空虚な霧が、直観的な可能性あるいは推測性をもって拡が

な領域に注意を向け、視線を向けることができる。〔⇒たとえば窓際に行って外の風景を眺めたり、あるいは屋外に出て自然に触れたりすることもできる〕

そのことで、それまで暗黙にしか意識されていなかった領域は、明瞭な知覚の領域となる。そこでは新しい想像や想起の働きも生じてくる。そのことで、いまや私にとって、新しい中心と新しい拡がりをもったありありとした「いま、そこ」の世界が現われてくる。

しかし、私が注意を向け変えるという行為を取らないかぎりは、私にとって世界の全体は、いま直接私に見えている

り、世界の「形式」だけが、まさしく「世界」として、下図を描かれているのである。ところで、未規定な周囲は無限である。霧がかかっていて決して完全には規定されえない地平が必然的に現に存在しているのである。

〈改行〉私がここまで追究してきたのは、空間的現在の存在秩序における世界であるが、時間の系列における存在秩序に関しても、世界の事情は同様である。今、明らかに、目覚めているどんな今でも、私にとって眼前に存在しているこの世界は、両側で無限の時間的地平をもっている。すなわち、世界は過去と未来をもち、それらは、既知であったり未知で

（顕在的－非顕在的な）世界の外側に存在している客観的で無限に拡がる世界として、ぼんやりと、ただ臆測的に意識されているだけである。

いままで述べてきたのは、主として、私にとっての世界の空間的なあり方だったが、時間的な存在の仕方についても、同じようにこれを記述できる。すなわち、私にとって世界は、いまありありと現前している世界だが、私はいつでも、少し前の世界を想起したり、少し先の世界を予期したりできる。

つまり私は、いまの世界ほど明瞭では

あったり、直接的に生き生きとしていたり、また生き生きとしていなかったりする。眼前に存在するものを私に直観させる経験の自由な活動のなかで、私は、私を直接的に取り巻く現実のこれらの関連を追うことができる。

私は、空間と時間における立ち位置を変えて、眼差しをあちこちに、時間的にも先や後へ向けることができるし、絶えず新しく多少とも明瞭でまた内容豊かな知覚や準現前化を手に入れることができ、あるいはまた、多少とも明瞭な像を得ることができる。私はこれらの像のうちで、空間的かつ時間的世界の確固とした形式において、可能なものや推測されない私の未来や過去の世界へ、いつでも注意を向け変えて、私の時間的世界を移動したり（想像的、想起的に）拡大したりすることができる。

こうして私にとって世界は、いまそこに現前するありありとした世界を中心として、つねに空間的、時間的な拡がりの「地平」として存在している。また、この拡がりの地平は、私が任意に視線や注意を向け変えることで、いつでも、確かな秩序をもった新たな「現実世界」として現われ、把握される。

るものを直観化するのである。

〈改行〉このようにして、私は、自分が、目覚めた意識において、常に、そして変更しようもなく、同一の、しかしその内実は変動する世界に関係しているのを見出す。この世界は常に私にとって「眼前に」存在していて、私自身はその世界の一員なのである。だがこの世界は、私にとって、単なる事象世界としてではなく、同じ直接性において、価値世界、財貨世界、実践的世界としてそこに存在しているのである。

私の前にある事物が、事象としての性質を備えているのと同様に、美しいとか

こうして私は、内実としてはつねに変化しているが、しかし「唯一同一」の現実世界の中に（空間的、時間的な拡がりをもった世界の中に）、自分が存在していることを知っている。

それだけではない。この世界は、私にとって単なる自然的‐物理的世界ではなく、同時に、さまざまな価値性をもった実践的な世界としても現われている。

私のまわりに存在する事物は、単に物理的な事物であるだけでなく、美しかっ

醜いとか、気に入るとか気に入らないとか、快適であるとか不快であるとか等々の、価値の性格を備えているのを私は容易に見出す。事物は、直接的に実用対象としてそこにある。「書物」を載せた「机」、「グラス」、「花瓶」、「ピアノ」等々。この価値性格や実践的性格もまた、私がそれらの性格や対象それ自体に向かうかどうかに関係なく、「眼前に存在する」対象そのものに構成的に属しているのである。

同じことが、「単なる事物」に対するのと同様に、私の周囲の人間や動物にももちろん当てはまる。彼らは、私の「友人」あるいは「敵」であったり、私の

たり醜かったり、気に入ったり快適だったり、またそうでなかったりといった、価値的性格をともなった存在として、私は理解している。

事物は、たとえば実用的対象として、つまり本の置かれた机、飲み物のグラス、花瓶、弾くためのピアノ、などとして存在する。身のまわりの事物のこうした価値的性格は、私がその性格に注意を向けていようといまいと、対象がもともと備えている性格である。

これと同じことが、事物だけでなく、私のまわりの他者や生き物にもいえる。他者たちは、そのつど独自の価値的性格をもって私に現われてくる。つまり、私

「使用人」であったり「上司」であったり、「見知らぬ人」であったり「親類」であったりするのである。

第28節　コギト。私の自然的周囲世界と理念的周囲世界

このような世界、つまり、私が私をそのうちに見出し、同時に私の周囲世界でもある世界に、私の意識のさまざまに変転する自発性の複合体が関係する。つまり、研究しつつ考察すること、記述することで説明したり概念化したりすること、比較したり区別したりすること、集めたり数えたりすること、前提したり推論したりすること、要するに、さまざま

の「友人」だったり「敵」だったり、私の「使用人」や「上司」だったり、また「見知らぬ人」や「親類」だったりする。

第28節　コギト。私の自然的周囲世界と理念的周囲世界

私の周囲世界は、単なる客観的な事物世界ではなく、実践的な意味‐価値を孕《はら》んだ諸対象の世界でもある。そして私は、こうした世界の諸対象に、何らかの関心や態度をとって向き合っている。たとえば私は、それらの諸対象について、研究、考察、記述の対象としたり、また概念化、比較、区別したり、集めたり数えたり、前提したり推論したりして

な形式と段階における理論化する意識の複合体が関係しているのである。

同じように、心情と意欲の形態の多様な作用や状態も、その世界に関係している。つまり、気に入るとか気に入らないとか、喜ぶとか悲しいとか、欲求するとか逃避するとか、希望するとか恐れるとか、決断するとか行為するとか、というような作用や状態である。

私が自発的に注意を向けて把握することで、直接的に眼前にあるものとして世界が私に意識されるといった素朴な自我の作用を含めて、それらすべての作用の

いる。

諸対象に理論的な態度をとるだけではない。私はそれらに対して、心情的、意欲的な態度もとる。つまり、気に入ったり気に入らなかったり、喜んだり悲しんだり、またそれを欲求したり避けようとしたりする。また希望したり恐れたりするし、それらに対して何かを決断したり行為したりする。

周囲世界の一切の対象は、「目の前に」存在するものとして、ありありと私の意識に現われている。すなわちデカルトの言い方では、私の「コギト」に現わ

状態を、コギトという、あのひとつのデカルトの表現が包含している。自然的に漫然と生きていながら、私は絶えず、すべての「顕在的な」生のこの根本形式において生きているのである。その際私がこのコギトを口にしようとしまいと、また、私が「内省的に」自我やコギト作用に向かっていようといまいと、である。私が内省的であれば、新しいコギトが活発になるが、こちらのコギトは内省されていない、つまり私にとっては対象的なものになっていないのである。
〈改行〉絶えず私は、知覚し、表象し、感じ、欲求する、等々する者として私を見出す。そしてそこにおいて私は、たい

れている。私がそれを意識しようがしまいが、私の日常の生は、そうした諸対象をつねにありありと把握している意識の生である。

　私はときおり、とくに注意を払ってある対象を見る。このとき私の「コギト」は活発になる。ただし、この場合でも、私は、そういう自分の「コギト」のありよう自身にとくに自覚的であるわけではない。

　いま見たように、ふつうわれわれは、周囲のさまざまな対象をつねに知覚（見たり聴いたり触ったり）しつつ生きてい

ていの場合、私を絶え間なく取り囲んでいる現実に、自分が顕在的に関係づけられているのを見出す。たいていの場合、というのは、私は必ずしもそのように関係づけられているとは限らないからであり、私がそのうちで生きるコギトのどれもが、事物、人間、私の周囲世界の何らかの対象や事態をコギターツムとしているとは限らないからである。私は、たとえば、純粋数とそれらの法則に関わることがある。そうしたものは、周囲世界、つまり「実在的な現実」というこの世界のうちに見出されるものではない。

だが私にとっては、まさに算術的関わりの対象野として、数の世界も現に存在

る。つまり、たいていの場合、それらをつねにありありとした意識の対象としてとらえて生きている。

しかし「たいてい」というのは、知覚事物が意識の中心的対象（＝コギターツム）となっていない場合もあるからだ。*

＊たとえば、買い物をして計算の必要があると、私の「意識」はそのときだけ、算術の世界に入り込む。二〇〇円×三＝六〇〇円、一千円出すとおつりは四〇〇円……、こうした「算術の世界」は、つねに知覚＝意識されている周囲世界とはまた別種の世界である。

こうした算術の世界も、私にとってたしかに現実存在している世界である。算

しているのである。このような関わりの間に、数あるいは数の産物は私の視点のうちに存在することになり、それらは、一部は規定された、また一部は規定されていない算術的地平に取り囲まれている。しかし明らかに、この、私にとって現に存在しているということは、現に存在しているもの自体と同様に、別種の性質をもっている。

算術的世界は私にとって、私が算術的な態度をとっている場合に、そしてその限りにおいてのみ現に存在しているのである。ところが、自然的世界、つまり普通の意味における世界は、私が自然にただ生きている限り、絶えず私にとって現

術の世界もまた、注意の中心として把握される領域とその外部に拡がる領域をもつ。〔⇒いまは掛け算をしているが、二次方程式や微分、積分の世界も暗に拡がっている〕。この点では現実の対象世界と似ている。

しかし事物が外的に存在していることと、算術の世界が私の内に存在していることには、当然大きな違いがある。

算術の世界は、知覚によって把握される物理的な自然世界とは違う。自然世界はいつでもそこに「現実存在」する世界である。しかし算術の世界は、いわば私が意識をそれに向ける（志向する）ときだけ、私に現われ出てくる世界である。

に存在している。自然にただ生きている限り、私は「自然的な態度」にある。だがこの二つのことは同一のことを意味しているのである。私が算術的世界や似たような他の「諸世界」を、それぞれに応ずる態度の遂行によって手に入れるような場合でも、今述べたことには何も変更を加えられる必要はないのである。

　自然的世界は、そのような場合でも、「眼前に存在している世界」であり、私は依然として自然的態度にあり、そこにおいて新しい態度によって乱されることはない。私のコギトが新しい態度の新しい世界の中でのみ動く時は、自然的世界は顧慮されないままであり、私の作用意

私が日常的に生きるかぎり、現実の自然世界はつねに私の周囲を取り囲んで存在する。これが「自然的態度」で生きているということだ。そして、私が一時的に、「算術の世界」や他の学的世界や、宗教の世界といった別の世界に注意を向けている時も、私はやはり自然的態度のうちで生きている。

　つまり私は、自然な現実世界とともに、学的な世界、宗教の世界、その他「理念的な世界」を、二重に、私の意識の世界としてもっている。

　算術に注意を向けているときには、現実の事物の世界は注意の中心から背景に退く。とはいえそれは依然そこに存在し

識にとって背景になっている。しかし、自然的世界は、算術的世界がそこに組み入れられるような地平ではない。それぞれの世界と自我の関係において、私は自由に私の眼差しと作用とを一方の世界また他方の世界へと導き入れることができるのだが、この自我と世界との関係を除けば、これらの同時に眼前に存在する両世界は連関してはいないのである。

ている。二つの世界は、私に二重に現われているが、しかし私は、この二つの世界があくまで異なった世界であることを知っており、幼い子供が現実と夢想を混同するようにそれらを混同したりはしない。私はこの二つの世界を、自由に、私の注意の中心的対象としたり、あるいは遠ざけたりできるのだ。

▲第29節　「他の」自我主観と、間主観的な自然的周囲世界

われわれは、日常生活において私に当てはまることがらは、まわりの他者たちにも同じように当てはまると考えている。つまり他者たちを、自分と同じ「自我」をもった主観として、自分と同じように周囲世界に関係していると思っている。また、私と他者たちは、

一つの客観世界に生きているのだが、各人にとってそれはさまざまな仕方で現われている、という具合に考えている。生活のうちで生じることがらや事象が、いわば間主観的(諸主観共存的)な仕方で同一のものとみなされている場合でも、それは各人にそれぞれ違った仕方で把握されているのだ。

にもかかわらずわれわれは、たえず互いに意思を疎通しあうことによって、同一の時間と空間、同一の客観的現実のうちに存在しているという自然な確信を形成(=定立)している。つまり、われわれはこの同一の客観的な現実のうちに共に属している、という自然な確信を形成しているのである。

第30節　自然的態度の一般的定立

われわれが自然的態度の所与性を性格づけるために、またそれをとおして自然的態度自体の性格づけのために提示してきたものは、すべての「理論」に先立つ

第30節　自然的態度の一般的定立

ここまでわれわれは、「自然的態度」における世界の現われ方について述べてきたのだが、それは、一切の実証的、科学的な諸理論に先だつ、「世界の現われ

純粋記述の一部であった。もろもろの理論を、理論というのはここでは各種の先入見のことだが、それをわれわれはこの諸研究において厳しく遠ざける。われわれの環境世界の諸事実としてのみ理論はわれわれの領域に入ってくるのであって、現実的な、あるいは思い込みの妥当の諸統一としては入ってこないのである。

　今はしかしわれわれは、純粋記述を続行するという課題を自らに課すことをせず、また純粋記述を高めて自然的態度（および自然的態度と調和的に組み合わされるようなすべての態度）によって見出されるものを、広さも深さも汲み尽くすような、

方」についての一般的な内省的記述だった。

　現象学的には、ここでは実証的な学の諸理論は「事実学」として遠ざけておかねばならない。それらの客観的な観点は、われわれの主題である諸対象の志向的な確信成立（妥当成立）の構造の探究には関わりえないからだ。

　ただし、さしあたってわれわれは、現象学的な「純粋記述」を自覚的に展開して、自然的態度において現れる世界の一切の諸対象を、現象学的な確信構造として性格づけるという本格的な課題に踏み入ることはしない。

体系的に広範囲におよぶような仕方で性格づけるという課題を自らに課すことをしない。

　そのような課題は――学問的な課題として――確立されうるし、また確立されなければならない。そしてそれはこれまでほとんど等閑視されてきたが非常に重要な課題である。

　しかし、ここではそれはわれわれの課題ではない。現象学の入口を目指して進んでいるわれわれにとって、この方向に関しては、すべての必要なことはすでに成し遂げられており、われわれが必要としているのはただ自然的態度のまったく一般的な性格のいくつかだけであって、

　この課題は、現象学の、また哲学一般の課題としてきわめて重要な意義をもつのだが、これまでまったくなおざりにされているのである。

　ともあれ、自然的態度をもつわれわれにとって世界や対象がどのような性格をもって現われているかを、まず一般的な記述として性格づけることが必要だった。そしてその性格づけについては、これまでの記述で十分に明瞭にされたといってよい。

それらはわれわれの記述のなかですでに、十分な明晰性の充溢をもって浮かび上がっているものである。この明晰性の充溢こそがわれわれにとってとくに重要であった。

〈改行〉われわれはもっとも重要な点をもう一度次のような命題で際立たせておこう。すなわち、私は恒常的に私に向かい合うものとして、空間時間的現実が目の前にあるのを見出すのであり、その現実のなかにあってその現実に同じ仕方で関係づけられている他のすべての人間と同様に、私自身もその現実に属しているのである。

自然的態度において世界がわれわれに現われてくるありようを、つぎのように要約できる。「私は、私のまわりに、つねに空間的、時間的な拡がりをもった現実世界を見出し、この現実世界の中に、事物、他者たちが私とともに現実存在している」と。

「現実」というものを、すでにその言葉が示しているように、私は現に存在するものとして見出し、また、それが私に対してそれ自体を示すとおりの現実を、現に存在するものとしても引き受けるのである。

　自然的世界のもろもろの所与についてのどんな疑いや拒否も、自然的態度の一般的定立について何も変更を加えることはない。「この」世界は現実としていつも現に存在しており、それは、せいぜいここやそこにおいて、私が思い込んでいたのとは「異なって」いるだけであり、あれこれのものが世界から、「仮象」「幻覚」等々の名称のもとに、いわば削除さ

　ここでの「現実的」や「現実」という言葉には、私と世界がそれ自体として「あるがままに」存在していること、またそういうものとして私が世界を受けとっている、という含意がある。

　われわれは、つねに、ある対象や事象について疑問をもったり、訂正したりしている。しかし世界や対象の存在についてのこうした一時的な疑問（否定）や訂正は、世界が「あるがままに存在している」、という世界の現実存在についての自然で強固な信憑（「世界の一般定立」）の態度を、いささかも揺るがさない。

　それはただ、個々の対象について、

れることがありうるだけである。

つまり、――一般定立という意味において――常に現に存在しているその世界から削除されることがありうるだけである。

この世界を、素朴な経験知識がなしうるよりも、一層包括的に、一層信頼できるように、どんな視点からも一層完全に認識すること、世界の地盤の上で提示される学問的認識という課題の全てを解決すること、それが自然的態度の諸学問の目標なのである。

「こうだと思っていたがじつは違っていた」(仮象)とか「あると思っていたが、じつはなかった」(削除)、といった訂正や修正をもたらすだけである。

いわゆる実証主義的な(自然的態度の)学問は、こうした世界のあるがままの存在仕方を、そこに現われる疑問点や諸問題を解決しつつ、誰にとってもたしかにこのように存在しているという仕方で(客観的な存在として)総括し、記述することをその目標としている。

第31節　自然的定立の徹底的変更。「遮断」「括弧入れ」

さてこの自然的態度にとどまる代わりに、われわれはそれを徹底的に変更してみよう。この変更の原理的な可能性を確認することが今や重要なのである。

〈改行〉一般定立によって実在的な環境世界が恒常的に、単に総じて統握的に意識されるのみならず、現に存在する「現実」として意識されるのだが、こうした一般定立はもちろん、ひとつの固有の作用、実在に関する分節された判断のうちに存するのではない。それどころか一般

第31節　自然的定立の徹底的変更。「遮断」「括弧入れ」

われわれはここで、自然的態度による世界の見方を、現象学的な態度へと変更して考えてみよう。

われわれの自然なものの見方（一般定立）は、世界を、つねに変わらず「あるがままに」現実存在するものとして見ている。この一般定立は、いうまでもないが、個別の対象についてのそのつどの存在判断ではなく、個々の対象の判断の土台をなしてずっと持続しているものの見

定立は、自然的態度が持続している間はすっかり、つまり自然な目覚めた日々の暮らしが続く間は、存続しているものなのである。

　そのつど知覚されたもの、明瞭にあるいは曖昧に思い浮かべられたもの、要するに、自然的世界から経験的に、そしてあらゆる思考に先立って意識されたすべてのものは、総じて、また分節されて際立たせられたすべてのものからいっても、「そこに」「眼前に」という性格を帯びている。こうした性格に本質的に基づいて、それと合致する明確な（述定的な）実在判断が成り立つのである。

方、つまり世界の現実存在についての自然で暗黙の確信である。

　われわれにそのつど知覚されて把握されるさまざまな対象（事物）は、現に目の前に、つまり「いまそこに」疑いなく存在している事物である。そしてこの動かしがたい現実確信が、対象の実在についての述定的判断〔⇓たとえば「ここにリンゴがある」〕を成り立たせている。

われわれが実在判断と言う場合、われわれは次のことを承知している。つまり、われわれはその判断のうちに、非主題的に、非思考的に、非述定的に、すでに根源的経験に何らかの仕方で横たわっているもの、あるいは「眼前に」という性格として経験されたもののなかにあるものを主題にして、述定的に把握したに過ぎないということを承知しているのである。

〈改行〉潜在的な、また明確に表現されてはいない定立を、われわれは今や、ちょうど明確に表現された判断定立と同様に扱うことができる。そのような、いつでも常に可能なこのような扱い方のひと

われわれが個別の対象の存在について何らかの判断をするときには、じつはすでに、この世界の実在についての動かしがたい判断（確信）が暗黙のうちに先行している。

われわれは、個別の対象とおなじように、誰もが自然な確信としてもつ世界の現実存在についても、懐疑してみることができる。じつはすでにデカルトがこのことを試みているのだが、しかし、これ

つは、例えば、デカルトがまったく別の目的のために、絶対に疑いを入れない存在圏域を明らかにしようとする意図において遂行を企てた普遍的な懐疑の試みである。

われわれはこのような試みに手がかりを求めるが、ただちに次のことを強調しておきたい。全般的な懐疑の試みはわれわれにとってはただ方法的便法としてのみ役立つべきものであって、それは、その懐疑の試みをとおして、その懐疑の本質に含まれるものとして明証的に明るみに出され得るような或る諸点を際立たせるためである。

はわれわれの試みとはやや異なった目的から、すなわち一切を疑うことでむしろ決して疑えないものを見出す、という目的からの試みだった。

われわれもデカルトにならって、世界の存在についてのある種の懐疑を試みたいのだが、その目的は、デカルトのそれとは違う。

その目的はやがて明らかになるが、さしあたりは、何かの存在を根本的に疑うということが何を意味するのかについて、まず考えてみよう。

〈改行〉全般的な懐疑の試みは、われわれの完全な自由の王国に属している。つまり、ありとあらゆることは、われわれがそれを固く確信していようと、それどころか妥当な明証においてそれを確認していようと、われわれはそれを疑おうと試みることができる。

〈改行〉このような行為の本質にあるものをわれわれはよく考えてみよう。疑おうと試みる者は、何らかの「存在」を、述定的に説明すれば「それは存在する！」あるいは「それはそのような状態にある」等々のことを、懐疑しようと試みるのである。その際存在様式は重要ではない。例えば、ある対象が存在してい

およそ人間は、どれほど確実と思えることであっても、あえてその存在を疑うという態度をとることができる。これは人間の思考（理性）の本性である。

じっさいわれわれは、どんなものに対してもその現実存在を疑うことができる。また場合によっては、対象の現実存在だけではなく、対象のあり方（性質、様態）を疑うこともできる。

ることは疑わなくとも、それがこれこれの状態にあるのかどうかを疑う者は、そのような状態において存在していることを疑っているにほかならない。その際、存在の仕方は重要ではない。

例えば、ある対象の存在を疑ってはいないが、その対象がこれこれの性質で存在しているかどうかを疑う者は、まさに、そのこれこれの性質で存在していることを疑っているのである。このことは、明らかに、疑うことのみでなく疑いを試みることについても言える。さらに明らかなのは、われわれがある存在を疑いながら、しかもその同じ意識において（同時という統一形式において）この存在の基

たとえば、リンゴの存在は疑っていないが、今見えている「赤い色」について、これはほんとに赤いのか、などと疑うことができる。このことは、自然な理由で対象を疑う場合だけでなく、あえて、わざと（方法的に）疑いを試みる、という場合でも同じである。

しかし、いずれにせよ次のことはいえる。ある対象の現実存在を疑いつつ、同時にその対象の存在確信はもっている

体に定立を与え、それゆえその基体を「眼前に」という性格において意識することはあり得ない、ということである。

同じことを別様に表現すれば、われわれは同一の存在質料を疑うと同時に確実だと見なすことはできないのである。同様に明らかなのは、現前として意識された何らかのものを疑う試みは、定立のある種の停止を必然的な結果としてもたらすということである。そして、このことこそがわれわれの関心をひくのである。それは、定立の反定立への転換、肯定の否定への転換ではない。それはまた、推測や、そうではないかと思うこと、未決定や、（ことばのどんな意味においてであれ）

（存在に定立を与えている）、などということは不可能である。

いいかえれば、ある対象の存在を疑いつつ同時に確信している、といったことはありえない。誰であれ対象の現実存在を疑うときには、その存在確信（定立）を停止している。

しかし、現象学的な判断中止は、いうならば、あえてこのような態度をとるのである。

つまり、存在についての確信は保持したまま、あえて対象の存在措定を「中止」（保留）する。それは定立（存在する）を反定立（存在しない）へと変えるので何らかの懐疑や、そういったものへの転換ではない。そのようなことは事実またわれわれの自由な恣意の王国には属してはいないのである。それはむしろまったく固有のものである。

われわれが遂行した定立をわれわれは放棄せず、われわれの確信には何も変更を加えない。われわれの確信は、われわれが新しい判断動機を導き入れない限りは、それ自体においてそれであるとおりのままである。そして、新しい判断動機を導き入れることをわれわれはしないのである。しかし、定立は変様をこうむる。

も、肯定（ある）を否定（ない）へと変えるのでもない。あるいはまた定立を、単なる想像や未決定（わからない）へ変えるのでもない。ふつうわれわれは、そうした変更を任意に自由に行なうことはできない。

現象学的な態度は、定立、つまり存在確信を捨て去るのではない。世界の現実存在は疑わず、その態度を維持したまま、しかも一つの「変更」を遂行するのである。

定立がそれ自体において、それであるとおりのままである一方で、われわれはいわば「それを作用の外」に置き、「それのスイッチを切って遮断し」、「それを括弧に入れる」のである。その定立は引き続きなお現に存在するのであり、それは括弧に入れられたものが括弧の中に存在し、スイッチを切られたものが回路の外に存在するのと同様である。

われわれはこうも言うことができる。定立は経験であり、しかしわれわれはそれを「使用しない」、だがもちろんそれは、何かを欠いているということではない（われわれが、意識のない人について、その

現象学的な態度の変更は、対象の存在を否定しないまま、ただその「確信」を一時「括弧に入れて」中断しておく。この中断は、存在定立（存在確信）の停止ではない。定立を否定も肯定もしないでそのままおいておく。ちょうどスイッチが切られているだけで電流はなくなっていない、といった状態に似ている。

こうもいえる。対象の定立をやめて現実存在しないと見なすのではなく、存在するかしないかという判断を行なわないのである（意識を失った人がそういう判断をしないように）。現象学的な態度（視線）の

人は定立を使用しない、と言うように）。むしろ、このことは、類似する表現においてもそうであるように、ある種の固有な意識のあり方の示唆的な表示である。

この固有な意識のあり方は、根源的な素朴な定立（それが、顕在的な、それどころか述定的な実在定立であっても、そうでなくとも）につけ加わり、その定立をある独特な仕方で価値転換するのである。この価値転換は、われわれの完全な自由に属する事柄であり、そしてそれは、定立と並列させられ得るような、それでいて「同時」の統一において定立とは相容れないすべての思考上の態度決定とは対立するものであり、かつまた一般に、本来の語

変更は（＝還元の遂行とは）、そういう独自の意識態度、視線の変更である。

現象学的還元の方法は、こうしたものの見方の独自の変更、ある意味での価値変換を行なう。この独自の視線の変更は、原則として誰にでもできる。これは、いわば一切の存在（そして様態）判断の「中断」（括弧入れ、遮断）であって、それゆえ存在についての確定的判断（ある、ない、こうなっているという最終判断）とは相容れない。

義におけるすべての態度決定と対立するものなのである。

〈改行〉定立につながる懐疑の試み、しかもわれわれが前提としているように、確かなそして揺るぎない定立につながる懐疑の試みにおいて、「スイッチを切って遮断すること」が、反定立の変様においてまた変様とともに、すなわち、懐疑の試みの基礎を共になすような、非存在の「想定」をともなって遂行されるのである。

デカルトにおいては、この想定が非常に優勢であるために、彼の全般的な懐疑の試みは、本当は全般的な否定の試みで

もういちど。ふつうの懐疑の試みというものは、対象の存在判断（これこれは存在する、という確信）に対してなされる。つまり、この確信を変更させて、「これこれを存在しないものと見なす」という非存在の想定をおくことである。

デカルトの懐疑は、世界を「存在しないものと見なす」という全般的な存在否定の想定だったのだが、現象学の懐疑は

あると言うことができる。われわれはここではそれを問題にしない。われわれの関心をひくのは、懐疑の試みのいかなる分析的要素でもなく、したがってまた精密で十分な分析でもない。われわれはただ「括弧に入れ」あるいは「遮断」という現象だけを取り出すのである。

そうではない。これは、全般的な懐疑ではなく、いわば限定的な懐疑であり、非存在の懐疑ではなく、存在－非存在の判断を行なわない懐疑である。それが「括弧入れ」、「遮断」ということだ。*

＊対象の存在判断の「正しさ」を吟味するためではなく、存在確信の成立の条件を吟味するために、この判断中止を行なう。すなわち、「リンゴはここに存在する」という判断が正しいかどうか、ではなく、この判断が、どのような条件で成立するかを吟味するためのものである。フッサールの説明は明快といえないが、これが現象学的還元の方法の核心であり、『イデーン』において、フッサールが一貫してこの吟味を行なっていることは、すぐに明らかになる。

この現象は、懐疑の試みからとくに容易に取り出されることができるが、明らかに懐疑の試みという現象に縛りつけてはおらず、むしろそれ以外のもろもろの関連において、またそれに劣らずそれ自体だけでも現われ得るのである。どんな定立に関してもわれわれは、しかも完全な自由において、この特有のエポケーを行うことができる。

エポケーとは、ある種の判断停止なのだが、明証的であるがゆえに、揺るがされることなくまた揺るぎ得ない真理についての確信と調和するものである。定立は「作用の外に置かれ」、括弧に入れら

この「括弧入れ」「遮断」は、一種の懐疑ではあるが、しかし、懐疑それ自体とは異なった独自の本質をもつ。すなわち、われわれは、一切の存在（と様態）の判断を、自由に一時的中止、「エポケー」することができる。

「エポケー」とは何か。存在についてのある種の「判断中止」だが、曖昧な確信をおくということではない。エポケーはそれ自体、一つの確実で明証的な態度である。つまり、エポケーは、定立（存在

れるのであり、「括弧に入れられた定立」という変様へと転じ、判断そのものは「括弧に入れられた判断」に変わるのである。

〈改行〉もちろん、この意識を「ただ単に思い浮かべる」という意識と、例えば、水の精たちが輪舞を演じることを思い浮かべるという意識とを単純に同一視してはならない。「ただ単に思い浮かべる」という意識には、生き生きとした、また生き生きと持続している確信の遮断は起きないのである。他方において、前者と後者の意識の近しい類縁性は明らかではあるのだが。ましてや、括弧入れという意識は、「想定する」あるいは「前

－非存在）の判断の一時的中断を作り出す。それはどこまでも、判断の一時的「括弧入れ」を意味する。

エポケーという意識態度は、一つの想像的態度（たとえば水の精たちの踊り）ではない。一見想像と似ているが、想像と明証的判断の「遮断」（エポケー）とは、まったく別ものである。エポケーは、「想定」や「仮定」や「前提」ではない。それらは、ただ「かくかくしかじか」と思い浮かべることにすぎない。

提する」という意味での思い浮かべることではない。そういったものは、普通の曖昧な言い方では、同様に「それはかくかくしかじかである、と私は思い浮かべる（私は想定する）」というような語句で表現され得るのだ。

〈改行〉さらに注意しなければならないのは、定立される対象を考える場合も、それがどんな領域や範疇の対象であれ、相関的に括弧入れということを語るのに何の妨げもないということである。この場合、意味されているのは、この対象に関係した定立はいずれも遮断され得るし、また括弧入れの変様に転じられ得るということである。厳密に言えば、ちな

注意しておきたいのは、エポケーの対象となるのは個々の事物だけでなく、一切の領域における、ことがら、事象などを含むということだ。〔⇓個的な事物だけでなく、できごと、事件、論理的な命題、なども、その確定的な判断をエポケーできる〕

ちなみに、「括弧入れ」という言葉は、対象についての、また「作用の外に

みに括弧入れという比喩はもともと対象領域によりよく適合するのであり、同様に、「作用の外に置く」という言い方は、作用ないし意識の領域に適合するのである。

置く」という言葉は判断確信についての、一時中止、というニュアンスをよく示しているといえる。

▲第32節　現象学的エポケー

デカルトの行なったような全般的な懐疑の試みの代わりに、われわれは今や、現象学の動機に応じた独自の懐疑をここで遂行する。デカルトの懐疑は、いわば全面的な懐疑、あえて世界の全存在を「ないもの」と見なす懐疑である。ここではどんな認識判断もその基礎的土台をもたないことになり、およそ学問の基礎づけとなるどんな領域も残らないことになる。

しかし現象学の重要な狙いは、一切の学問の基礎づけ、客観的な認識の最も根本的な根拠づけを行なうことだから、むしろデカルト的な全面的な懐疑に一定の制限を与える。それは、一切の対象を「存在しない」と措定するのではなく、ただ「括弧に入れておく」という仕方をとる。

現象学的な懐疑は、ふつう誰もがもっている自然な世界の存在確信（＝一般定立）をいったん「作用の外に置く」。世界を非存在として見なすのではなく、世界が存在するかしないかという判断自体を、「いったん中止する」。「括弧に入れておく」とか「作用の外に置く」とか「エポケーする」「妥当のスイッチをオフにする」というのも、すべて同じ意味だ。

現象学の懐疑は、全面的な懐疑ではなく一定の制限つきの懐疑であるといったが、いま述べたことがその「制限」の内実である。すなわち、現象学的なエポケーは世界の存在を否定するのでも、世界は存在しないと仮定するのでもない。ただその存在措定を行なわないでおくだけである。

つまり現象学者は、存在するならとか、しないなら、といった想定を一切やめる。これが、存在についての「妥当」の態度を中止することである。こうして現象学の懐疑、エポケーは、ソフィストや極端な懐疑論者が行なうような世界の懐疑、否定とは、まったく別のものである。

どんな人間でも、この全世界、全自然が、現実に存在しているという自然な確信をあらかじめもっている。これが世界の存在についての「先行的な妥当の態度」である。この自然な世界確信、世界の妥当がなければ、われわれの日常的な実践的生活というものはありえない。またそれを土台としたさまざまな理論＝諸学問というものも、存立の基盤をもたない。現象学のエポケーは、要するに、こうした誰もがもっている自然な世界確信の態度を捨て去るのではなく、いったん（一時的に）中止するのだ。

するとどういうことが起こるだろうか。

現象学の根本目標は、認識の根拠、認識が客観的なものとして成立するための条件を解明することにあるが、いまやこの世界の客観認識の条件は、もはや現実世界それ自体には求められないことになる。ふつうは、人間が経験すること、つまり経験的に認識したことは、そのまま諸対象が現実存在していることを意味する。しかしいまや、この最も身近な経験的な対象認識さえも、対象の現実存在を保証しないことになる（目の前にありありとしたリンゴを見ることも、そのリンゴの実在を保証しない）。

ここからの当然の帰結として、経験的な認識が現実存在の確証をもたない以上、そうした経験認識の体系的総合である諸学問の認識も、それがどれほど確固たる原理や法則から導かれたものであろうと、経験認識と同様に、その理論的帰結について絶対的な妥当性をもたないことになる。

しかしさしあたりわれわれは、そうした確実性や妥当性を否認するのではなく、それについての判断を中止しておくのだ。

たとえば、いま私が現象学的な探究のうちで、暗黙に物理や化学の法則などを前提するとしても、それらは、あくまで括弧に入れられた仕方で、つまり「それらが妥当するとして」という条件つきの態度で扱われることになる。

この現象学的なエポケーの態度は、コント的な実証主義が求めているようなエポケー、形而上学的な考えへのエポケーということとはまったく違う。これは、単なる思弁や形而上学的な虚構に対する実証主義の原則としての禁止であって、実証主義は、経験的な認識やそこから取り出された実証的データだけを認識の確実性の根拠とするのである。

こうして、現象学的なエポケーは、ひとことでいえば、自然世界や学問世界を含む「全世界」を括弧に入れる。つまり世界についての存在妥当の態度をやめる。あるいは自然な世界確信、存在確信のすべてをいったん中止する。

第二章　意識と自然的現実（33節～46節）

□第二章　章前解説

この33節から46節は、『イデーン』の根本方法の最も中核に当たる部分である。「現象学的還元」という方法を理解する上で、最も重要かつ不可欠な諸概念が、ここにほぼ出そろっているからだ。

フッサールのテクストが、これまでほとんど正当な理解を受けてこなかったということをぜひ念頭においてもらいたい。その大きな理由の一つは、『イデーン』のテクストで現象学の方法の根本動機が十分に明瞭に語られていないことにある（『イデーンI』あとがきにはかなりよく整理されている）。また、この方法が主観における対象確信の「構成の構造」の解明のためのものだということも、やはり判明には語られていない点にある。

それゆえ、私の主要な仕事は、このあまりに多くの術語の使用によってからまりあった現象学的還元の方法の要点を、可能なかぎり根本の骨格が見えるようにして、読者に理解可能なように再整理することである。

そこで、この章に入る前に、あらかじめここで示されている最も重要な中心概念を四つ挙げ、そのエッセンスを図示的に読者に示しておきたい。

①「コギタチオ－コギタートゥム」の構造（「ノエシス－ノエマ」もほぼ同じ）。これが基本型
②「志向体験」と「志向対象」という構造
③「体験」と「事物」という構造
④「内在的知覚」と「超越的知覚」という構造。あるいは「内在」と「超越」

序論でも述べたが、この四つの対概念として示された構造は、どれも同じことを別のタームで語っているだけだということを忘れてはならない。

コギタチオ ―― コギタートゥム
志向体験 ―― 志向対象
体験 ―― 事物
内在 ―― 超越

コギタチオ・志向体験・体験・内在の系列は、意識内に生じる具体的な事象のこと（リンゴなら赤い、丸い、という感覚内容）。コギターツム・志向対象・事物・超越の系列は、前者から構成される対象確信（あるいは対象意味の確信）のことである。

『イデーン』ははじめ読み進むとほとんど呪文の海のようだが、フッサールの意が理解されてくると、その全体像が驚くほどシンプルであり、取り出される構成の構造もきわめて判明なものであることが分かる。

それを要約的に言えば、目の前の机を見るという体験は、私の意識に矩形《くけい》、茶色、四本脚などの諸感覚をもたらし、私はそこから自然に、これは「一つの長方形の机だ」という対象確信（対象意味の確信）をもつ（構成する）。これが、『イデーン』で何度も変奏されながら繰り返される対象確信の成立の基本構図にほかならない。

重要なのは、『イデーン』は、フッサール自身の内省によるこの構造の記述だということである。つまりここには、哲学的な思弁はほとんどなく、彼自身の主観内部の詳細な記述だけがある。序論でもおいたが、もういちどその基礎的構図を再掲しておく（図③）。

もう一つ注意すべきこと。フッサールは事物的対象の対象確信の構成の構図の描写に、

(図③)

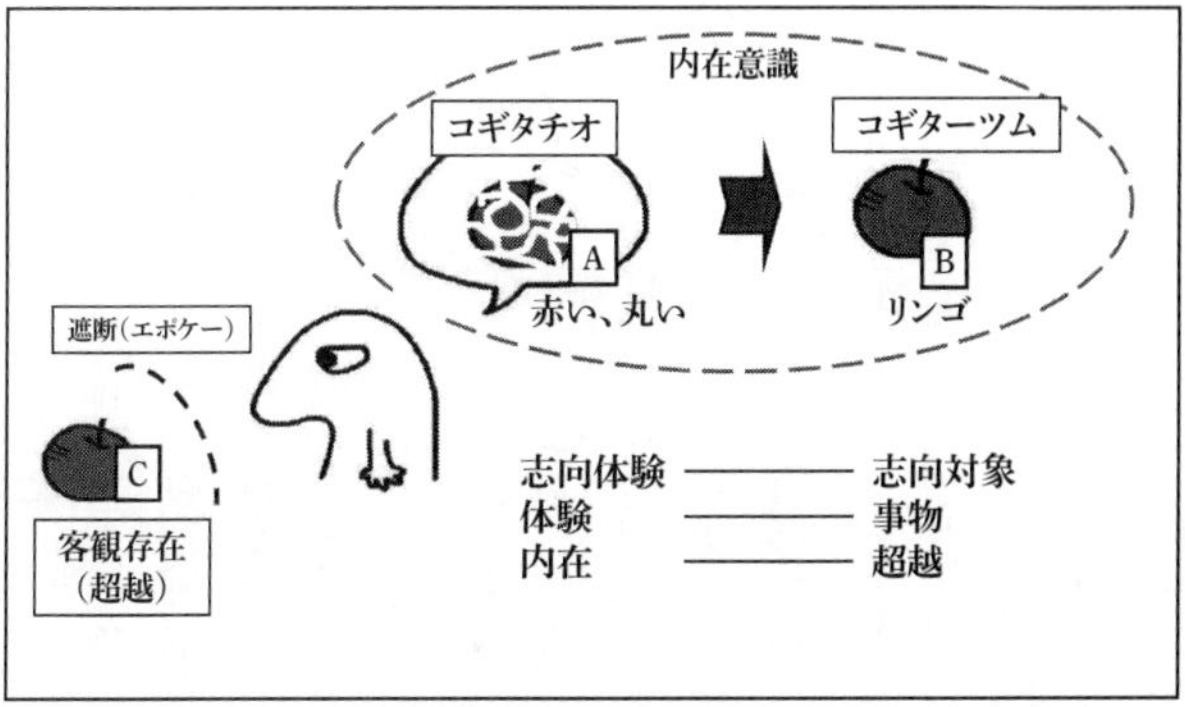

1) ここで、エポケー(括弧入れ)は、リンゴが存在する、という客観存在の措定をいったん「中止」して、「赤いや丸いが見える」(コギタチオ)へと「還元」すること。点線部による除外で示される。
2) 現象学的内省は、還元の結果としての「内在領域」における確信構成の構造を観て取り記述すること(フッサールでは、「机」や「紙」がモデルだが、ここでは「リンゴ」モデル)。
赤い、丸い、つやつやという感覚所与(コギタチオ)がまず与えられ、そこから対象意味=「リンゴだ」(コギターツム)が「確信」として構成される。これを、内省によって観て取り記述する(純粋記述)。

コギタチオとコギターツムは、ふつうはほぼ同時に所与されるが、(一瞥でリンゴだと分かる)。しかしあくまで「赤い、丸い」の知覚が先行することで、その対象像の「意味」(コギターツム)が与えられる。つまりコギタチオはコギターツムに先行する。

つねに、想起・想像体験の構造をほとんどついでのように入れ込んでいる。この入れ込みが全体の基本構図をきわめて錯雑したものにみせている。想起・想像の作用における対象構成は、いま知覚している対象の「存在確信」の構成とはまた別のカテゴリーの話だから知覚の構造とは別に内省的な観取を行うほうがよい。

目の前のリンゴを見ること（知覚すること）は、そこにリンゴが現実存在することの確信を成立させる。ある特定のリンゴを「想起」することは、過去にそれが現実存在していたことの確信を成立させるが、現在の知覚とは違って思い違いがありうる。任意のリンゴを「想像」することは、リンゴの虚構であって、その現実存在の確信をなんら構成しない。

それゆえこれらの諸作用は、異なった本質をもつ確信構成のカテゴリーとして、区分して論じるのが適切である。しかしフッサールはほとんどの場合、知覚における確信形成の記述に、ついでのようにこれらの作用についての記述を入れ込んでおり、そのことで基本構図の把握を明らかに困難にしている（想起がある対象の過去の現実存在の確信を構成する条件については、『デカルト的省察』でようやく整理した仕方で論じられている）。

しかしともあれ、現象学的還元の方法は、個々人の主観（意識）のうちで、世界の一切の対象がたえず確信として構成されるその構造を明示する。そしてこのことが、ヨーロッパ認識論の難問の解明にとって決定的に重要な意義をもつのである。

一切の対象認識は、まず主観における「対象確信の構成」として生じる。そしてそれは言語によって相互に交換されることで、「間主観的な」対象確信、共通の対象確信を構成する。この構図によって、主観‐客観の一致問題として示された伝統的な認識論は終焉する。「普遍認識」とは、主観と客観の一致を何ら意味せず、世界と対象についての普遍的な共通確信つまり間主観的確信の形成を意味するのである。

フッサールによって提示された、認識論の現象学的還元の方法による解明の射程はきわめて広く、深い。それについては、この章を最後まで読み進んだあと、もういちど序論「認識問題の現象学的解明」の第七節を読んで欲しい。現象学的還元の方法だけが哲学的な普遍認識の唯一の原理的な根拠づけの方法であることを、読者は疑いえないものとして理解するはずである。

▲第33節　現象学的残余としての「純粋意識」もしくは「超越論的意識」の予示

ここまで現象学的還元の出発点となる「エポケー」について詳しく述べてきた。ここからは、エポケーの遂行によって何がもたらされるのかを考えよう。

エポケーは、全世界の存在措定をいったん中止‐遮断することだったが、すると一体何が残されるのか、と問いたくなるかもしれない。だがこの問い方はむしろミスリーディングである。エポケーによって何らかの具体的な存在領域が残される、というわけではない。

エポケーがもたらす問いはこうである。全世界の存在措定はいったん括弧にくくられた。では、何が世界の定立つまり「世界確信」の根拠として示されるのか、と。

実在としての世界すべてが排除されると、理念や意味（形相）の世界だけが残る、と考える者もあるかもしれないが、これは錯覚である。現象学的エポケーによって生じるのは、まったく新しい問いの領域である。これを一つの「存在領域」と呼ぶことができるが、この「存在領域」は何らかの実在的な存在領域を意味しない。ある固有の探究の領域、すなわちわれわれ自身の「主観」「自我」「意識」「経験」という領域にほかならない。この領域をわれわれは「純粋意識」あるいは「純粋体験」の領域と呼ぶ。

すでに示唆してきたが、現象学の探究は、この意識領域を一つの自立的な領域と見なし、そこで生じている事象＝現象を内省的に把握し、記述する。こう言うとき、この領域を「心」という実在的領域として考えるのは、心理学的な誤謬にほかならない。われわれは「意識」という内的な時間性をもった独自の領域を、それ自体自立した領域と見なし、その事実的な諸関係をすべて捨象して、「意識一般」の本質洞察ということを遂行するのである。

こうして、はじめの問いに対して一つの明確な答えを与えることができる。エポケーによって何が残されるのか。実在としての世界および事実的なものとしての心が排除され、われわれの純粋な意識の領域、つまり、そこで全世界の存在と意味が、すなわち世界の妥当－定立が構成（「志向的構成」）される領域としての「純粋意識」が残される、と。この領域こそ、現象学的探究の根本的対象となるのである。〔⇓現象学的還元の目的は、まさしくこの「純粋意識」の領域で、世界の妥当＝確信がいかに構成されるのか、を探究し記述することにある〕

▲第34節　主題としての意識の本質

現象学の探究の中心領域は「純粋意識」〔⇓誰もが現にもっている自分の「現在意識」〕である。この領域は一見狭いようだが、じつはきわめて広大な領域であって、その意味は探究が進むにつれて明らかになる。

われわれは以後この領域に踏み込むが、本格的に現象学的なエポケーを遂行する前に、*われわれ自身の「意識」のありようをまず一般的な内省において描写してみることにしよう。われわれの「自我」が何であるかの現象学的な探究は、後に本格的な主題となる。

われわれの意識は必ず時間の流れをもち、それゆえ「体験流」の形で存在する。この意識のありようを内省すると、意識はたえずもろもろの意識作用（知覚、想像、想起、思念、その他感情作用など）をもち、それを統一的に把握している。これらの意識作用（コギタチオ）について、それぞれの特質を内省しつつ記述することが、さしあたりわれわれの課題である。〔⇓「コギタチオの単独な固有内実を、その純粋な固有性において把握し」、「普遍的に性格づける」こと〕

つぎに重要なのは、これらの体験流のうちの諸意識作用をまとめ上げている、「意識の統一性」の本質をとらえることである。たとえばある一つの経験は、知覚、想像、想起、思考、感情といった諸意識作用の流れが、一つに統合的に把握されることではじめて可能となる。

こうして、われわれが世界というものを経験し認識する上での基礎的領域として、われわれ自身の意識（「純粋意識」）の本質的な構造が明らかにされねばならない。

＊ここはいきなり現象学的還元の方法ではなく、まずふつうの態度で、自分のさまざまな意識作用

（知覚、想像、思考、欲求）のありようを、自分の「心」を内省する仕方で（つまり心理学的な内省の態度で）観察してみよう、といっている。このやり方を続けていくと、やがて内在的意識の現象学的な本質洞察につながってゆく、といいたい。ただ、これがややミスリーディング。はじめは心理学的な内省で。そのうち本格的に現象学的な本質観取へ。ということだが、一般読者にはその境目は明瞭でない。

第35節　「作用」としてのコギト。非顕在性への変様

論じるにあたりいくつか例をあげてみよう。私の前には薄暗がりの中にこの白い紙がある。私は、それを見て、それに触る。ここに今あるこの紙を完全に具体的な体験として知覚しつつ見たり触ったりすること、まさしくこれらの性質において与えられ、またまさしくこの相対的

第35節　「作用」としてのコギト。非顕在性への変様

具体的な例を挙げて考えてみよう。いま、薄暗がりの中に白い紙があり、私はそれを見、またそれに触ってみる。このとき、私の意識には、ややぼんやりした白い紙の知覚像が現われてくるわけだが、この知覚体験（＝意識体験）のありようを「コギタチオ」と呼ぼう。

な不明瞭さ、この不十分な規定において、私に対してこの方向に見えていることの紙を見たり触ったりすること――これは一つのコギタチオであり、つまり一つの意識体験である。この紙そのものは、客観的性質を具え、空間の中に広がりをもち、私の身体と称される空間事物に対して客観的位置をしめているものだが、こうした紙そのものは、コギタチオではなく、コギターツムであり、知覚体験ではなく、知覚されたものである。

これに対して、この体験をとおして自分に現われてくる対象を、私は、一枚の「紙そのもの」としてとらえている。いいかえれば、私の目の前に現実存在する一つの客観的対象として把握している。これをわれわれは「コギターツム」と呼ぼう。

すなわち、私の意識に与えられているぼんやりした知覚像は知覚体験としてのコギタチオだが、それによって把握された「紙そのもの」は、知覚されたもの、コギターツムである。

＊『イデーン』をとおして、フッサールの確信構成の構造の基礎モデルは、何かを見ること、という視覚体験だが、言葉としては「知覚」、「知覚体験」とされている。

ところでしかし、知覚されたものそのものが意識体験であるということはあり得る。しかし、物質的事物、例えば、この知覚体験において与えられた紙といったものが、原理的に体験ではなく、まったく異なる存在様式をもった存在であるということは明らかである。

われわれの意識体験それ自体が、知覚の対象となることもある。* しかしふつうは、客観的事物として把握された「紙そのもの」は、知覚体験（コギタチオ）ではなく、この体験をとおして把握された「知覚されたもの」（コギターツム）である。この両者をはっきり区別することがなにより重要である。

＊この文はやや唐突だが、後で出てくる、外的対象ではなく、自分の知覚のありよう自身を内省的に知覚すること、を意味している。

　フッサールはそれを「知覚の知覚」と呼ぶ。しかし内的体験の「知覚」とは、内的体験の観取、洞察、観て取ること、であっ

〈改行〉われわれはこの点をさらに追究する前に、いくつか例を重ねてみよう。本来的な知覚において、つまり認知することとしての知覚において、私は、対象に、例えば紙に向かっていて、それを今ここに存在しているものとして把握する。把握というのはつかんで取り出すことであって、知覚されたものはいずれもひとつの経験の背景をもっている。紙の周囲には、本や鉛筆やインク壺等々があり、それらもある種の仕方で「知覚され」ていて、知覚的に現にそこに、「直

て、日本語の「知覚」という語（いわゆる視覚的に見ること）の意味とは少し違っており、紛らわしいので注意。

何らかの対象を見る、という知覚体験のありようをさらによく考察してみよう。

たとえば、いま私は、目の前の対象を「一枚の紙」として意識しつつ見る。このとき私には、同時に紙のまわりにある、本、鉛筆、インクといった対象も見えている。つまり、一つの対象を見るとき、必ず、その背景の諸対象も私の視野（「直観野」）に見えている。

観野」の中に存在している。

しかし、紙に注目している間は、紙以外のそれらのものは、どんな注目も把握も、たとえ二次的なものでさえ、受けていなかったのである。それらは現われてはいたのだが、取り出されて捉えられてはいなかったのであり、それ自体としては定立されていなかったのである。

事物知覚はいずれもこうして背景直観の（あるいは、直観することに配意ということが含まれるなら、背景眺望の）庭をもっている。そして、このこともまたひとつの「意識体験」、あるいはより簡潔に言えば「意識」であり、しかも、ともに眺望さ

だが、私が紙に注目している間は、それらの対象に私の注意はほとんど向けられていない。それらは、視野の中には現われているが、いわば明確な知覚の対象となってはいない。〔⇓「定立されていない」は、自覚的な存在確信をともなってはいない〕

事物知覚には、必ずこうした「背景直観」（背景眺望）の庭がつきまとっている。それは、注意されてはいないがやはり意識体験の一部である。つまり、このとき私は、注意の中心としての紙と背景的な諸対象とを、自分の知覚体験＝意識

れている対象的な「背景」のなかに実際にあるすべてのものに「ついての」意識である。

もちろんしかしその際に、眺望された背景に帰属していると考えられる客観的空間に「客観的に」見出されるものは問題ではない。つまり、あらゆる事物や事物的な出来事が問題なのではない。これらは妥当性をもって進行する経験がそこで確認するであろうものである。問題であるのは、ただ意識の庭だけであり、この庭が「客体への配意」という様態において遂行される知覚の本質に属しているのである。そしてさらに、この庭そのものの固有の本質のうちにあるものが問題

体験の全体としてもっている。

注意すべきは、ここでの描写は、私のまわりに客観的に実在する事物についてのものではない。知覚体験の進行のうちで「意識」に与えられてくる対象存在についての描写だということである[*]。

重要なのは、知覚体験においては、「意識」において、必ず知覚の中心的対象とその背景としての「意識の庭」という構造が観て取れるということである。それらがどのような性格、構造をもつかを、内省によってとらえることが問題なのである。

になっているだけである。

つまり、その固有の本質のうちには、根源的な体験のある種の変様が可能であるということが含まれている。この変様をわれわれは「眼差し」の――必ずしも単に物理的な眼差しではなく、「精神的な眼差し」の――自由な方向転換と呼ぶ。最初に目にとめた紙から、すでにそれ以前に現出しており、したがって「暗々裏に」意識されていたもろもろの対象への眼差しの方向転換である。これ

＊フッサールが強調するように、ここではあくまで、自分の「意識体験」の内省的な描写（＝主観の風船の内部）がなされているのであって、外的世界の描写ではないことに注意。

さらに言えば、ここには、「眼差し」の変更可能性ということがつきまとっている。この「眼差し」とは、現実の視線ではなくいわば「心の視線」〔⇒注意の視線〕のことだ。私はいつでも、いま見ている紙からその横にあるペンに注意を向け変えることができる。そのときには、ペンが注意の中心になり、紙は注意されない背景の一つとなる。

らの対象は、眼差しを方向転換したあとでは、明白に意識された、つまり「注意深く」知覚された対象、あるいは「付随的に注意された」対象になるわけである。

〈改行〉事物は、知覚におけるのと同様に、想起においても、また想起に似た準現前化においても意識されるし、自由な空想においても意識される。こうしたすべての場合、ある時は「明瞭な直観において」、またある時は顕著な直観なしに「曖昧な」表象の仕方において意識されるのである。事物は、その際、現実的事物、可能な事物、虚構された事物等々として、さまざまな「特徴づけ」において

事物は、知覚の対象となるだけでなく、想起、記憶、想像、予想、空想など、「準現前化的」な意識作用の対象となる。*

*準現前化は、存在しないものを思い浮かべる心の作用。つまり想起、想像。実際に見ること（現前化）ではなく、それに近い状態を作り出す心の作用なので、準現前化と呼ばれる。

われわれの眼前に浮かんでくる。これらの本質を異にする体験についても、われわれが知覚体験について詳しく述べたことのすべてが明らかに当てはまる。

われわれは、これらの想起や想像のような意識様式において意識された対象(例えば、空想された水の精たち)と、これらの対象についての意識である意識体験そのものとを混同するつもりはない。われ

対象が想起され、想像されるとき、ある場合は生き生きとした明瞭さで、またある場合はぼんやりとした像として現われる。さらにいえば、対象は、「現実存在」としてだけではなく、「可能的存在」や「虚構的な存在」としても思い浮かべられる。

つまり諸対象はさまざまな性格をもつものとして現われるが、いずれの場合でも「心の眼差しの変更」が可能である。

しかし、ここでわれわれは、想起や想像の対象(たとえば水の精)と、想起、想像という意識作用それ自体とを混同しないように注意しよう。

準現前化の作用、つまり想起や想像作

われはそうして再び、そのようなすべての体験の本質には――これらの体験は常に完全な具体化において考えられているのだが――、あの注目すべき変様が属していることを認識することになる。その変様は、顕在的な配意の様態における意識を非顕在性の様態における意識へと変え、また後者を前者に変えもするものだ。体験は、その対象についての、言わば「明白な」意識であったり、暗々裏の、単に潜在的な意識であったりするわけである。

対象は、知覚におけるのと同様に、想起や想像においても、われわれにすでに現出していることがある。

用においても、「心の眼差し」の変更によって中心的対象だったものが背景的となったり（顕在的だったものが潜在的なものとなり）、その逆のことも生じる。こうしたことをわれわれは内省的に把握できる。すなわち、意識体験のうちで対象は、明瞭な対象になったり、曖昧な（潜在的な）対象となったりする。

知覚対象の場合と同じく、想起や想像においても、対象は、「非直観的」（ぼんやり）に現われていることがある。

しかしそこでは、われわれはまだ、精神的な眼差しでその対象に「向かって」はいないのであり、間接的にもそうしてはおらず、ましてや、われわれは何か特別な意味でその対象と「関わって」いるわけではない。

〈改行〉似たようなことをわれわれは、任意のコギタチオに、つまりデカルトが挙げた例の範囲での任意のコギタチオのどれにも、だから思考、感情、意欲のすべての体験についても言えることを確認する。ただし、（以下の数節で）示されるように、顕在性を際立たせている「……に向かっている」、「……に配意している」というあり方は、きわめて単純であ

こうした場合には、われわれは対象に自覚的で明瞭な注意（心の視線）を向けていない。つまり、それが「何であるか」について明瞭で把握的な関心をもって向かってはいない。

ちなみに、対象が顕在的な仕方でも非顕在的にも現われることは、知覚や想起、想像以外のどんな意識作用においてもいえる。デカルトは「われ考える」のうちに、対象についての思考だけでなく、思考や意欲、感情の作用をも含めたが、そうしたすべての意識作用について、上に述べたことが妥当する。

ただ、ある対象に「向かっている」と

るがゆえに優先的に扱われた感性的表象という例とは違って、意識対象をつかみ出しつつ注意することと合致している。

上にあげた思考、感情、意欲という体験についても、顕在的な体験は非顕在的な体験の「庭」に取り囲まれているということが当てはまる。体験流は決して顕在性だけから成り立つことはできないのである。顕在性こそは、われわれが挙げてきたいろいろな例の範囲を越え出るほどきわめて広く普遍化すれば、また、すでに行ったように非顕在性と対照させてみれば、「コギト」つまり「私は或るものについての意識を持つ」「私は或る意識作用を遂行する」といった箇にして

か、対象に「配意している」という顕在的な対象意識のあり方は、とくに知覚の場合によく当てはまる。

思考、感情、意欲の体験においても、対象の顕在的な中心性とその潜在的な背景性（庭）という構造は、それなりに妥当する。

どんな意識の体験流においても、顕在的な対象だけが存在するわけではない。しかしこのことはつぎのようにもいえる。ここでの「顕在性」、ありありとした直観的な対象の意識こそは、デカルトの「コギト」という語の核心的な意味、私という存在がたえず世界について明瞭な意識作用をもって生きている、という

要を得た意味を規定するものにほかならない。

　この確固たる概念を鋭く区別して保持するために、われわれは、デカルトのコギトとコギタチオという言い方を、もっぱらこの概念を表すものとしてとっておくつもりである。ただし、われわれがはっきりと「非顕在的」等々の付加語によって変様を示す場合は別である。

〈改行〉「目覚めた」自我をわれわれは、次のような自我として定義することができる。すなわち、自分の体験流のうちで連続的に、コギトという特有の形式において、意識を遂行する自我である。

意味を最もよく表現すると。

　だからわれわれとしては、デカルトに由来する「コギト」や「コギタチオ」という言い方を、とくにいま述べた「顕在的な意識作用」という意味で使いたいと思う。ただし、われわれがはっきり「非顕在的な」意識という表現を使うときは別である。

　こうしてわれわれは、「目覚めた」自我という言葉を、コギトという顕在的なあり方でたえず意識作用を遂行している自我、として定義できる。

　もちろん、自我はその体験を、いつも

このことはもちろん、その自我がこれらの体験を、絶えず、あるいは総じて、述定的表現にもたらすこと、また、もたらし得るということを意味しているわけではない。確かに「動物的な」自我主観というものもある。

ただし、目覚めた自我の体験流の本質には、上で述べたことに従えば、次のことが属している。すなわち、コギタチオの連続的に進行する連鎖は絶えず、非顕在性の媒体に取り囲まれていて、この非顕在性は常に顕在性の様態へと移行する用意ができており、同様に逆に顕在性は非顕在性へと移行する用意ができている、ということである。

つねに明瞭な仕方で意識し、それゆえいつでも明瞭に言語化できる、というわけではない。動物の自我にも「コギト」の作用はあるが、ここでは自覚的な意識化はそもそも存在しない。

ともあれ、つぎのことはいえる。目覚めた自我、つまり「コギト」の体験流では、顕在的な対象の意識はつねに背景的な非顕在的な対象意識をともなっている。そして自我は、心の眼差しを向け変えることで、いつでも顕在的な対象と潜在的な対象とを自由に変換させることができる。

▲第36節　志向的体験。体験一般

ある対象についての「顕在的」な意識が「非顕在的」な意識へと変様しても、それは「ある対象についての意識」という点では同じである。一般には、顕在的な対象意識が「志向的」意識、つまりある対象「についての」意識、といわれるのだが、「非顕在的」な対象意識も、ぼんやりとはしているがやはりある対象「についての」意識である。それゆえ、顕在、非顕在を問わず、すべての「についての意識」(対象意識)をここでは「志向体験」と呼ぶことにしよう。つまり、意識は必ず何らかの対象に「志向的に」関係づけられている。

だが、この関係を、外的な存在対象と心(意識)との関係、と考えないようにしよう。ここでの主題は、あくまで現象学的に内省された意識内部の構造だからである。

何らかの体験は「あるものについての」体験である。つまり、羊を見ることは、現実の羊「についての」知覚体験であり、ケンタウロスを想像することは、ケンタウロス「についての」想像体験であり、あるものの判断は、あるもの「についての」判断である。

だから、ここでの「体験」とは、ある対象についての「意識体験」あるいは「体験の意識」のことであり、またその対象が「どのようなものか」についての意識体験を意味する。このとき、対象は、それが何であるかはっきりしていたり（規定的）、まだはっきりしていない（＝未規定的）対象だったりする。

さらに、意識体験は「地平」という性格をもち、また「配意」（注意）に応じて顕在－非顕在という変様可能性を含んでいる（注意して見ると顕在的、注意していなければ非顕在的）。

かくして、最広義の意味での「体験」とは、こうした要素をすべて含んだ「体験流」の全体を指す。つまり、最広義の体験とは、志向的な体験だけからなっているのではないことに注意しよう。

たとえば、一枚の紙を見ているとして、われわれはその紙に配意しつつ、それを「白い紙」として見ている。この紙の「白さ」という性質を還元すると、個々の感覚与件としての「白」になる（この白の部分やあの白の部分があり、それは一様の白さではない）。

この感覚与件としての個々の「白」は、たしかに意識内に実的に（⇒「実的に」は、意識内に実際に見出すことのできる、という意味）存在する感覚与件としての「白」（＝実的契機）だが、意識は、必ずしもつねにこの個々の白さの陰影に意識を向けてはいない。つまり、意識与件（感覚与件）としてのこの「個々の白さ」は、志向性を支えるもの（＝担い手）であるが、明瞭な志向的対象とはいえない。〔⇓明瞭な志向的対象となっているのは、「白い紙」〕これは、他の体験たとえば「感性的な感情」などの場合でもいえる。これについては後にもっと詳しく見よう。

▲第37節　コギトにおいて純粋自我が「何かに向けられている」ということ、把握しつつ、注意すること

われわれが何かに注意し、それを把握しようとするとき、つねに必ず、その志向対象（渡辺訳は「志向的客観」）に向けられた「眼差し」が存在する。この対象への「自我の眼差し」は、コギト（自我）のさまざまな作用、知覚や虚構（想像）や、「気に入る」といった作用を含む。デカルトが示唆したように、自我の作用には単なる知覚や想像の作用だけでなく、評価したり、価値づけたりするという「精神的眼差し」の作用が含まれる。

われわれは、ここで、こうしたコギトの精神的眼差しの対象となるものを、大きく「全《まった》き志向客観」（志向対象）と、「把握された客観」〔⇓対象の一般的意味〕という側面とに区別しよう。

つまり、われわれがある対象に注意を向けてそれを把握するとき、われわれはある場合

それを単なる一般的な対象意味（一般意味）としてとらえていることもあるが（これは木製の、机である）、さらに進んで、その対象を価値的に評価して把握している場合もある（この机は私の背丈にぴったりで気に入っている）。

二つの把握の態度ははっきり違うが、対象の「何であるか」を把握するとき、この二種類は最も基礎的な把握態度の違いだといえる。それは、ある対象を、単に一般意味としての「何であるか」として把握することと、ある対象の価値を評価したり、愛《め》でたり、喜びをもってそれを見たりする場合との違いである。

すなわちわれわれは、何かを志向対象として把握する場合、それを「単なる事象」（＝一般意味）として把握することと、「全き志向客観」（価値的な評価を含む）として把握することとの違いをはっきり区別する必要がある。

またわれわれは、ある対象を「単なる事象」として見ている場合でも、何らかの興味を引かれてそれを「全き志向客観」として把握しなおす、という態度変更をいつでも行なえる。これは逆も可能である。この態度変更の能力によって、われわれは、任意に自分の関心に応じて、対象に対して強い実践的な態度で向き合うこともできるし、また対象を論理的、客観的な態度で把握（＝認識）することもできる。

われわれが日常世界においてさまざまな対象知覚の「地平」をもつとき、この地平は対象の一般意味の把握であるより、むしろ、価値的で実践的な把握であることがはるかに多い。人間はふつう、対象世界に対してつねにそのような評価的、実践的態度を取っているからである。*

またわれわれは、そうした自分の対象への態度・関心のあり方を、いつでも内省的に対象化して把握することができる。対象に対する態度・関心のあり方を内省しこれを対象的に把握できること、このことは、われわれが世界をさまざまに理論化したり対象化できることの根拠なのである。

＊「全き志向客観」は、「いかにもつやつやして美味しそうで食べたくなるリンゴ」、「把握された客観」は、対象の一般意味としての「リンゴ」、「果物」。ここでフッサールがいう「評価的な配意、志向」は、主観の関心のあり方のことで、ハイデガーの「気遣い」の概念に重なる。つまり、「全き志向客観」は、われわれの「気遣い」、「関心」の相関者としての対象ということになる。

第38節　作用に向かう内省。内在的知覚と超越的知覚

さらに次のことを付言しておこう。コ

第38節　作用に向かう内省。内在的知覚と超越的知覚

ふつうコギト（自我の意識）が活動して

ギトのなかで生きながら、われわれはコギタチオそのものを志向的対象としては意識していない。しかし、いつでもこのコギタチオは志向的対象になりうるのであり、コギタチオというものの本質には、「内省的」に眼差しを向け変えることの原理的な可能性が属しているのだが、それは当然のことながら、ひとつの新しいコギタチオの形式においてである。この新しいコギタチオは、端的に把握するコギタチオという仕方において自らに向かうのである。

　別言すれば、どのコギタチオも、いわゆる「内的知覚」の対象になることができ、ひいては内省的評価作用、すなわち

いるときには、われわれはこの意識のありよう（コギタチオ）について、自覚的に対象化しているわけではない。〔⇓美しい絵に見とれているときには、いま自分は「絵」を見ている意識である、などと考えていない〕

　だが、われわれの意識は、いつでも自分の「意識体験」のありように注意を向けて、それを自覚的に把握することができる、つまり「コギタチオ」自体を志向的対象とすることができる。

　誰でも、自分の意識体験のありようを内省的に把握できる、つまり「内的知覚」の対象とできる。

是認や否認等々の対象になることができるのである。同じことが、しかるべく変様した仕方において、複数の作用印象という意味における現実の作用について言えるし、われわれが想像「しつつ」、想起「しつつ」意識したり、あるいは感情移入「において」、他人の意識作用を理解し追体験しながら、意識する作用についても言える。われわれは、想起や感情移入等々「しつつ」内省することができるのであり、それら「しつつ」行う意識作用を、さまざまな可能な変様において、把握の対象となし、またそれに基づく態度決定的な作用の対象にすることができるのである。

さらに、この「自分の意識の内省可能性」ということは知覚作用にかぎらない。想像作用、想起作用、また他人への感情移入の作用などにおいても、自分の意識作用に内省的に注意を向け、それを把握し、またそれを記述することができる。*

*誰でも自分の意識を内省的に洞察する可能性をもつこと、この可能性こそ、すべての認識を確信構造として把握する「現象学的還元」の前提条件である。この内省は、意識の内省的、洞察的観取を意味するのであって、単に経験を想起的に反省することではない。

〈改行〉われわれはここでは、超越的知覚ないし作用一般と内在的知覚ないし作用一般との区別をしておこう。外的知覚と内的知覚という、深刻な疑念を招く言い方はしないでおくつもりである。われわれは以下のような説明をしておこう。

〈改行〉内在的に方向づけられている作用、より一般的に言い表せば、内在的に関係づけられている志向的体験とは、そ

さて、ここでわれわれは、「超越的知覚」と「内在的知覚」という二つの知覚のあり方をはっきりと区別しよう。念のために言えば、これを、外的知覚と内的知覚の区別と混同してはいけない。*

*ふつうには、外界の対象の知覚が外的知覚、身体の内部についての知覚が内的知覚。これに対して、「内在的知覚」は、自分の意識のありようを見ることだが、この見るは、いわゆる知覚的な見ることではなく、内省的に観て取ること、把握し、洞察することを意味する。

「内在的知覚」（内在的に関係づけられている志向体験）を一般的に定義するとこうなる。意識の志向的体験それ自身を「知覚

の本質に次のようなことが属している体験であるとわれわれは理解する。つまり、志向的対象がそもそも存在している場合には、その志向的対象が志向的体験それ自身と同じ体験流に属しているということが、その本質に属するような体験である。例えば、或る作用が同一の自我の或る作用に（或るコギタチオが或るコギタチオに）関係づけられている場合、あるいは同様に、或る作用が同一の自我の感性的感情与件に関係づけられている等々の場合には、どこでも右のことが当てはまる。意識とその対象は、純粋に体験によって作り出された個的統一をなしているわけである。

の対象」とするような、内的な志向体験であると。すなわち、私がいま何かを知覚している（＝見ている）とき、この知覚体験のありようを、内省的に把握する「知覚体験」のこと。〔⇒内在的な観取の体験のこと〕

整理すると、いま私が見ている現実のリンゴの知覚は「超越的知覚」。これに対して、リンゴの知覚が私の意識内でどんな具合かを見る「知覚」〔⇒むしろ洞察〕が「内在的知覚」。〔⇒だからしばしば「知覚の知覚」と呼ばれる〕これは知覚作用のみならず、想起、想像、感情移入の作用でも同じくいえる。*

＊内在的知覚と超越的知覚は、現象学においてとくに重要なターム。ふつうの外的な

〈改行〉超越的に方向づけられているのは、そのようなことが起きていない志向的体験である。例えば、本質に向けられ

リンゴの知覚が「超越的知覚」、このふつうの「知覚」作用の意識内のありようを内省的に把握するのが「内在的知覚」。

　両方とも「知覚」の言葉を使っているので紛らわしいが、区別が必要。超越的知覚はふつうの「見ること」、「内在的知覚」は自分の意識の状態を、洞察的に観て取ること。

　意識の状態の洞察のポイントは、そこでいかに対象確信が成立しているかの構造を把握すること。すなわち「コギタチオ－コギターツム」の構造の把握。

　これに対して、ふつうの超越的な志向体験（単にリンゴを見る体験＝超越的知覚）では、こうしたこと（知覚の知覚）は生じて

ている作用はすべて、あるいは別の体験流をもつ他の自我の志向的体験に向かっているすべてはこれにあたる。実は、のちに示されるように、事物に向けられた作用、実在一般に向けられた作用もすべて同様なのである。

〈改行〉内在的に方向づけられた知覚、あるいは、簡潔に表現すれば、内在的知覚（いわゆる「内的」知覚）の場合には、知覚と知覚されたものは、本質的にひとつの無媒介的統一、つまり、ただひとつの具体的なコギタチオという統一を形成する。知覚作用はここではその対象を内に取り込み、そのため、知覚作用はその対象から、ただ抽象的に、本質的に非自立

いない。外的事物の知覚体験だけでなく、たとえば数式や理念といった「本質存在」について考えたり、他人の心を推測したりするような場合の体験も、すべて「超越的な」体験であって、「内在的な」体験ではない。

「内在的知覚」は、これとは違って、自分の意識のありよう（内在）自体が「知覚」（＝内省的観取）の対象となる。ここでは、知覚と知覚されるもの、観て取る作用と観て取られる対象は、ともに意識のうちにある。私の意識が私の意識のありようを観て取るから、観て取られるものは観て取るものといわば「一つ」であり、ただ抽象的にのみ区別されるだ

的なものとしてのみ、切り離されうるようになっている。

知覚されたものが志向的体験である場合には、われわれが（例えば、私はこれこれのことを確信している、と言いつつ）まだ生き生きとしている確信を内省する場合のように、われわれは二つの志向的体験の交じり合いをもっているのであり、その二つのうちで少なくとも高次の体験の方は非自立的であり、しかも単に低次の体験に基づけられているだけでなく、同時

けだ。*

＊それゆえ、フッサールの「内在的知覚」は、「知覚の知覚」というより、むしろ「意識（について）の意識」、内的な意識の状態を対象化すること、と理解するのが分かりやすい。

内在的知覚、すなわち私の志向体験自体が私の知覚（内在的な観取）、私の志向体験の対象になっている場合、二つの体験が交じりあっている。ここでは観取する志向体験が能動的な作用だという点で高次である。とはいえこの作用は、観取される志向体験（低次の）があってはじめて可能となっている。

にその低次の体験の方に志向的に向けられてもいるのである。

〈改行〉この種の実的に「含まれている状態」（これは本来はひとつの比喩に過ぎないのだが）、これは、内在的知覚とそこに基づけられている態度決定とをすぐれて特徴づけるものである。この特徴は、志向的体験の内在的関係のその他のたいていの場合には欠如している。例えば、想起を想起する場合がそうである。

今行われている想起に、想起された昨日の想起は、今の想起の具体的な統一性の実的契機として属しているわけではない。今行われている想起は、想起固有の

内在的知覚では、意識の対象（コギタチオ）が意識にいわば「実的に含まれている」。このことは、内在的知覚の本質的な特質の一つであって、それは、ふつうの知覚作用、想像、想起といった体験では生じない。

たとえば、「想起の想起」という場合を考えてみよう。

昨日何かを想起したことを今想起するとき、昨日の想起がじつは思い違いだったとしても、想起作用自体は現に存在している。この場合、昨日の想起は（間違

十全な本質からして、昨日の想起が実は存在しなかったとしても存在しうる。一方しかし、昨日の想起は、それが実際に存在したとすれば、今の想起とともに必然的に、決して中断されることのないひとつの同じ体験流に属することになり、この体験流は、その二つの想起を、さまざまな体験具体性をとおして連続的に媒介する。この点については、超越的知覚と超越的に関係づけられているその他の志向的体験においては、明らかに事情が異なっている。

いなので）今の意識に実的に含まれない。

しかし昨日の想起が思い違いでなければ、今の「想起の想起」の意識には、昨日の想起が一つに混ざり合っている。*〔⇓昨日故郷の母のことを思い出したことを、今思い出した。ここでは、昨日の母の想起と、今のそれについての想起の意識とが一つに溶け合っている〕

とはいえ、もちろんこの場合とふつうの「知覚の知覚」とはまた事情が違う。

*この「想起の想起」の例は、あまりに煩雑すぎて、内在的知覚の説明として適切な例とはとうていいえない。フッサールが言いたいのは「知覚の知覚」では内省的意識が、はじめの知覚（コギタチオ）、つまりリンゴの視覚体験の意識を「実的に」含ん

事物を知覚することは、その実的契機においても事物そのものをそれ自体のうちに含んでいないというだけでない。それは、当然事物の実在が前提とされているとは言え、そもそも事物との本質的な統

でいるが、「想起の想起」の場合では必ずしもそうでないこと。例が複雑なためにもともとシンプルなことがひどく複雑な話になっている。

つまり、ここのポイントは、「知覚の知覚」では、もとのリンゴの知覚のありようが、内省的意識の対象となっているということ。超越的知覚はリンゴの現実知覚、内在的知覚は、リンゴの現実知覚についての内在的意識（コギターツム）。

ふつうの事物知覚は、どこまでも超越的な志向体験（知覚）であり、ここでは、この知覚の意識はとくに内的な対象化の対象とならず、ただ自然に「確信構成」されている。

一の埒外にある。体験自体の固有の本質によって純粋に規定されている統一は、体験流の統一のみである。もしくは、同じことだが、ひとつの体験はただ諸体験とのみ結合してひとつの全体をなすことができるのであり、全体の全本質は、これらの諸体験の固有な本質を包括し、また諸体験のうちに基づいているのである。この命題は、以下で明瞭さを増し、その大きな意味を得ていくだろう。

内在的知覚、つまり現実の知覚体験の内的な対象化（「知覚の知覚」）では、対象意識自身がもう一度意識されるという事態が生じる。そこでは観取の作用と観取されるものが一つなのである（これが「体験流の統一」）。

　繰り返すと、超越的知覚はふつうの事物対象の知覚、「内在的知覚」は、自分の知覚体験についての意識内での知覚（観取）。ここでは、はじめの意識対象は「実的なもの」として「意識」に存在する。*

＊ふつうのリンゴの知覚体験（超越的知覚）では、個別的な赤いや丸いだけがコギタチオの流れとして実的に存在し、「リンゴ」という対象性は「実的には」存在せ

ず、ただ一つの対象確信（コギターツム）として構成される。

▲第39節　意識と自然的現実。「素朴な」人間の見解

ここまでわれわれは、知覚体験を、純粋に「意識」における体験のあり方としてとらえ、その本質を把握するという仕方で記述を進めてきた。しかしこれは、以後われわれが踏み込む本格的な現象学的探究の準備段階だった。ここまでは、自然世界の全体を現象学的にエポケーするという作業が、十分自覚的に遂行されていたわけではない。

　ここではまず、「意識」世界と「自然」世界との関係をよく考察してみよう。ふつうの考えでは、意識は自然世界と二重の仕方で関係している。まず、意識は自然の一部である人間の意識である。つぎに意識は、自然世界についての意識である。それゆえ、ふつうは、意識の存在を自然世界から切り離して考えることはとうていできないように見える。

　現象学が、方法的に、「自然世界」を意識から切り離せ（エポケーせよ）、というとき、それは何のためなのか。かくも強固な結びつき（統一）をもつ意識と自然を切り離すことな

ど、そもそも可能だろうか。人々がこう問いたくなるのもとうぜんのことだ。

　この問題に適切な答えを与えるために、「世界の一般定立」という概念をおいてみよう。〔⇒ここまでは自然的態度の一般定立、また単に一般定立と呼ばれていた〕世界の一般定立とは、誰もが自然にもっている、世界が客観的に現実存在しているという暗黙の確信のことだ。しかしわれわれは、この自然な世界確信のありようから離れて、むしろ、この自然な世界確信がどのような条件によって可能となっているのか、と問うのである。

　そもそも世界の存在について暗黙の確信をもっているからこそ、われわれは、日常生活の中で事物存在に働きかけたり、思念したり、判断したりしている。さて、この暗黙の世界確信の基礎をなしているのは、なんといっても、「感性的な知覚経験」、つまり見ること、聞くこと、触ることなどである。感性的知覚は個々の対象についての「ありありとした」知覚体験であり、これに応じて個々の事物存在がわれわれに（現実存在として）与えられる。だから事物知覚は、われわれの世界経験の最も土台をなすものだ。したがって、われわれは「知覚体験」を「世界の一般定立」の根本的根拠と考え、ここをわれわれの探究の出発点としなくてはならない。

＊「論理的範疇的変遷態」という変な用語が渡辺訳にあり。「赤くて丸くてつやつやした知覚」が「リ

ンゴ」という対象意味（本質）へと変えられること。

すでにわれわれは、意識体験の内在的構造の洞察によって、一方に対象を知覚－感覚する「意識＝心」、もう一方に外的に存在する現実の事物対象、という二元的な構造を見た。いいかえれば、「知覚するもの」と「知覚されるもの」という二項的な構図である。これをどう考えればよいか。

　われわれは幼児のときから、さまざまな対象の知覚経験を無数に繰り返している。この知覚経験において、じつはそうではなかったとか、じつは存在しなかったといった対象の存在確信についての試行錯誤が無数に反復される。こうした経験のうちで、われわれは、自分にかく「見えているもの」はこれこれの「事物」だということをたえず確証し、その直観的確信を強固に育て上げてきたのだ。

　この経験の反復こそ、自分がありありと知覚するものは「実在的に存在する事物」だという確信を、暗黙のうちに形成するのである。また、こうした経験の反復によって、事物の現実存在の確信は私の知覚経験の結果であるという意識は消え去り、私のまわりに客観的な世界（と対象）が現実存在する、という動かしがたい信憑（一般定立）が形成されているのである。

▲第40節「第一」性質と「第二」性質。ありありと与えられる事物は、「物理学的に真なるもの」の「単なる現出」であるということ

前の節では、日常的で素朴な自然的な世界像を、「世界の一般定立」という言葉で考察した。これに対して、こんどはもっと学問的な態度から見られた「世界の客観像」について考えてみよう。

たとえばある哲学者（ロック）は、事物の第一性質と第二性質とを区分した。この考えでは、事物の色、音、においといったものは、われわれの知覚に応じて現われる事物の第二性質にすぎない。そして、この事物の性質の背後にある「延長や運動」などが、事物の真の実質（第一性質）とされる。

しかし、この見方をさらに追いつめると奇妙なことになる。ロックのような見方は科学的な事物観としては一般的なものだが、この考えを推し進めると、われわれに知覚される事物はすべて「仮象」であり、「真なる事物」とは、原子、イオン、エネルギー等々の、概念によって数学的に規定されるものだけ、ということになる。つまり「真なる存在」とは、われわれが知覚するものとは別の、その背後にある「何か」なのだ。

するとこうもいえる。われわれが知覚体験によって受けとる事物の性質とは、じつは、知覚の背後に存在する「あるもの」（＝「空虚な対象X」）のいわば「記号」にすぎない。すなわち、われわれは事物それ自体は知ることができず、その表象を知るだけということになる。〔⇒カントの「物自体」を指している〕

このような見方は客観的学問にとっては一定の意義をもっている。そこでは、「真の対象」はわれわれには知りえないものだが、それでもわれわれの知覚の「基体」だと見なされる。つまりこの「匿名のX」こそ、たとえばさまざまな対象をますます精密に規定していく物理学の進展において、たえず認識がそこに接近し到達すべき知（認識）の努力の根本的目標と見なされるのである。

第41節　知覚の実的契機と知覚の超越的対象*

以上のすべてを前提にすると、何が、コギタチオとしての知覚自体の具体的な実的契機に属しているのであろうか。物

第41節　知覚の実的契機と知覚の超越的対象*

自分の知覚体験を内省的に「見る」**こと。すなわち「知覚の知覚」という体験によってわれわれは、ふつうの知覚体験

理的事物がそうでないことは自明に等しい。このまったく超越的な事物――それはすべての「現出世界」に対して超越的なのである。しかし、現出世界は「たんに主観的な」世界といわれようと、これもまた、個別的事物や出来事のすべての点で、知覚の実的契機に属してはいない。現出世界は知覚に対して「超越的」なのである。このことをもっと詳しく考えてみよう。

のうちに「実的に」存在しているのは、どこまでも「赤い」や「丸い」という具体的なコギタチオの契機であって、一つの事物対象性（たとえばリンゴ）ではないことを知る。

現象学的内省は、この一つの事物対象性が「超越的対象」であることを教える。それが「超越的存在」と呼ばれるのは、この対象が、知覚の体験意識を「超え出た」存在〔⇒知覚体験の意識のうちでただ確信として構成された存在〕だからである。

＊objekt は渡辺訳では全て「客観」だが、文脈に応じて「対象」「客観」に訳し分けた。

＊＊自分の体験を内省的に「見る」こと

われわれは、たった今すでに、ただしおおまかに、事物の超越について言及した。今重要なのは、超越的なものは、それが意識されるその意識に対してどのような関係にあるのか、また、謎を秘めたこの相互関係はどのように理解されるべきなのか、そのありようへのより深い洞察を獲得することである。

〈改行〉したがって、われわれは物理学すべてと、理論的思考の分野すべてを排

は、普通の事物対象を視覚的に「見る」こととしばしば紛らわしいので、以後、紛らわしい場合には、内省的に「見る」は、見ると表記することにする。

ここでは、「超越的」存在（＝現実の事物）と意識体験との関係がよく理解されることが重要なので、もう少し進もう。

われわれは現象学的還元の態度をとって、知覚体験の内的構造を記述してい

除しよう。われわれは、素朴な直観とその知覚に属する総合の枠内にとどまろう。知覚はその枠のなかへ属するのである。そうであってみれば、直観と直観されたもの、知覚と知覚事物とは、本質においては相互に関係しあってはいるが、原理的必然性においては、実的にもまた本質上も、ひとつであったり結びついたりしてはいない、ということは明らかである。

〈改行〉ひとつの例から出発してみよう。机の周りを歩き、空間における私の位置を常に変えながら、絶えずこの机を見ているとしよう。すると私は連続的に、この同一の机の、しかもそれ自体に

る。それゆえ、知覚についての既成の学問的な知見は、エポケーしなければならない。知覚体験における意識の内実だけを内省的に観察するのだ。すると、知覚(見ること)と、知覚事物(見られたもの＝外的な一個の机)は、「同じもの」とはいえないことが分かる。われわれは両者の間に、独自の関係性を見出す。

具体的な例を挙げよう。私が机のまわりを歩きつつ、視線を変えながら机を見ているとする。このとき私は、つねに同一の机についての意識をもっている。ところが実際に私の意識に現われているの

おいてはまったく不変のままである机のありありとした現実存在についての意識をもつ。ところが机の知覚は絶え間なく変化する知覚であり、それは入れ替わる諸知覚のひとつの連続なのである。私が眼を閉じる。私のそのほかの感覚は机とは関係をもっていない。すると、私は机についてなんの知覚ももたない。私が眼を開ける。すると私はふたたび先の知覚をもつことになる。先の知覚？　もっと正確に考えてみよう。知覚が戻ってくるとはいっても、それは決して個的には同一ではない。机だけが同一であり、新しい知覚を想起と結びつける総合的意識のなかで同一のものとして意識されているのである。

は、つねにさまざまに変化する机についての諸契機（諸局面）である。〔⇓本書五四頁の図②を見よ〕

いま私が目を閉じる。すると「机」は私の視界から消える。目をあけると、先の机は再び私に現われる。いま「先の机」と言ったが、じつはそれは、厳密には先の机とまったく「同一」のものとはいえない（必ず多少の違いがある）。

こうして、実際に私に「見えているもの」は、必ず変化している。しかし、私はつねに「同一の机」を見ていると考えている。つまり、この「同一の机」は私に実際に見えているものではなく、意識のうちで構成された「超越物」（対象確信）なのである。

知覚された事物は、知覚されることがなくても、（前に書いた非顕在性という仕方で）ただ潜在的に意識されることさえなくても、存在できる。また知覚された事物は、変化することなく存在できる。知覚そのものはしかし、知覚とはそういうものなのだが、意識の絶えざる流動のうちにあり、それ自体が絶えざる流動なのである。絶えず、知覚の今はたった今過ぎ去ったものについての、自分をつないでいく意識へと変化する。そして同時に新しい今がひらめき現れる、等々というわけである。知覚された事物一般と同じように、部分、側面、契機という点でその事物に付属するありとあらゆるものの

知覚された事物、つまり現実の机は人に知覚されなくても存在する。また現実の机は、見る者の視線が変わってもそれ自体は不変である。だが、それがわれわれに「見られる」ありさまは、意識の時間的な流れのうちにあり、つねに変化する。つまり、意識における知覚のあり方はつねなる変化のうちにあるが、知覚されたもの、その対象自体はつねに不変な「同一物」である。

また、不変なものは知覚された対象だけではない。その事物の側面や契機と呼ばれる対象性、すなわち「第一性質」や「第二性質」（ロック）と呼ばれるものもまた「超越的」な対象性である。

は、第一性質と呼ばれようと第二性質と呼ばれようと、どこにおいても同じ理由から、知覚を必然的に超越している。

見られた事物の色は、原理的に、色についての意識の実的契機ではない。色は現出する。しかし、その色が現出している間、経験が示すところによれば、現出は連続的に変化しうるし、変化せざるをえない。同一の色は、色の射映の連続的な多様「において」現出するわけである。似たようなことが、感性的性質についても、またあらゆる空間的形態についてもあてはまる。まったく同一の形態が(同じ形態としてありありと与えられ)、持続的にいつも「別の仕方で」、つねに別の

私はいま一枚の紙を見て「白い紙」だと思う。しかしこの体験の内実をよく内省すると、紙の色は一様な白ではなく、ある部分は影を含んで暗く、ある部分はハイライトで輝きを含んだ白である。つまり私が実際に(＝実的に)見ている白は、多様な白を含んでいる。にもかかわらず私は、この紙を同一の「白い紙」として見ている。

いま対象の色について述べたことは、対象の形(かたち)についてもいえる。ある対象を見ているとき、それは私にと

形態射映において現出する。これは必然的な事態であり、明らかにより普遍的に妥当する性質をもっている。こういう言い方をするのは、ただ話を単純にするために、われわれは、知覚において変化せずに現出する事物の場合を例にとって示したからである。任意の変化する形態に話を移しても明らかである。

〈改行〉本質必然性において、同じ事物についての「全面的な」、連続統一的にそれ自体において確証される経験意識には、連続的な現出多様と射映多様の幾重もの体系が属している。これらの多様において、ありありとした自己所与性の性格を備えて知覚のなかに落ち込んでくる

ってじつにさまざまな形を現わしてくる。しかし、私はその対象の形についてとくに疑問をもたず、たとえば「長方形」の机だと考える。つまり、対象の実際の見え方（実的な現われ）は多様だが、それが把握される仕方は、つねに不変の同一対象としてなのである。

ある対象を見るという体験では、実的な感覚内容がたえず連続的に変化しながら、意識に現われ出てくる。この多様なものの連続的な現出のありようをわれわれはすでに「射映」と呼んだ。

一つの事物は、意識のうちで、色、形、大きさといった感覚的諸契機を、そ

対象的契機のすべては、一定の連続性をもって射映されるのである。どの規定性もそれぞれの射映体系をもち、またその規定性のどれについても、事物全体についてと同様に、次のことがあてはまる。すなわち、その規定性は、想起と新しい知覚を総合的に統一する把握的意識にとって、顕在的知覚の連続性の経過における中断にもかかわらず、同一の規定性としてとどまっているのである。

〈改行〉われわれは今このことと同時に、そこで事物知覚と呼ばれる具体的な志向体験の実的契機に、何が、実際にまた疑いもなく属しているのかを見てみよう。事物は志向的統一であり、入り交じ

れぞれの射映的な流れとして現わしてくる。つまりそこには記憶の働きが加わっているのだが、そうした諸契機が一体となって、見る者に、一つの事物の対象性（「これは机だ」）として把握されるのである。

もういちど確認しよう。事物の知覚経験において「実的契機」と呼ばれるものは、「一枚の紙」、「一つの机」、つまり知覚された事物そのものではない。実的な契機は、われわれの「意識」に射映的

りつつ移行していく知覚多様が連続的に秩序をもって流れ去るなかで、同一・統一的に意識されたものである。一方、この知覚多様そのものは絶えず、本質的に志向的統一に帰属する一定の記述される内実をもっている。知覚の各位相には必然的に、たとえば、一定の内容をもった色彩射映、形態射映等が属している。これらの射映は、「感覚与件」に、つまり、一定の類をもつ固有の領域の与件に数え入れられる。これらの与件はそのつどそのような類の内部でつなぎ合って独自の体験統一（感覚「野」）をなす。

さらに、これらの与件は、ここではより詳しく記述することができないが、知

に現出してくる個々の感覚内容である。

知覚された事物とは、「志向的に統一された」、つまり実的な契機から構成された体験の統一物（構成された一つの確信）にほかならない。さらにいえば、個々の感覚内容としての多様な「色」「形」「大きさ」などが、それぞれの射映の系列によって一つの色、一つの形として構成され、さらにそれらすべてが統合されて、「紙」「机」といった同一の対象を構成するのである。

この個々の多様な感覚内容（感覚与件）の連続的な現出を何が一つのものにまと

覚の具体的な統一において「統握」によって生気を与えられていて、こうして生気を与えられることで「呈示的機能」を果たし、もしくは、その機能と相まって、われわれが、色彩、形態等々「の現出」と呼んでいるものを成しているのである。こうしたことが、さらにほかの性質と結びついて、一つの同一の事物についての意識である知覚の実的契機を成している。それを可能にしているのは、あの統握の本質に基づいた統握統一への結合であり、またさまざまなこうした統一の本質に基づいた同一性の総合への可能性である。

め上げているのか、と問うなら、私はそれを意識の「統握」の働きと呼ぼう。

　それらバラバラの感覚内容の現出は、他の諸契機と結びつけられて、最後に、「一つの対象」（机）の色、形として把握される。感覚的諸契機を統合して、「同一物」の確信へとまとめ上げるこの意識のはたらきが、「統握」である。*

＊諸契機をまとめ上げる意識の「統握」の働きという説明はまず理解できるが、これをくわしく本質観取してみると、やや違和感が残る。

　われわれにある一定の茶色、四角の台の形などが見えてそれを「机」だと認識するのは、意識の何らかの統合的な働きというより、さまざまな机についての過去の無数

〈改行〉きちんと捉えておきたいのは、色彩射映、光沢射映、形態射映等々の機能をはたす（つまり「呈示」の機能をはたす）感覚与件というものは、色彩そのもの、光沢そのもの、形態そのもの、要す

の経験の蓄積という契機である。この経験の蓄積によって、これら感覚の諸契機はいわば一瞥のうちに明確な対象意味として構成される。完全に違った文化で生活してきた人間は、別の文化の何か固有の道具をみてそれが何であるか、説明されないと分からないだろう。ただフッサールがこうした時間的契機も含めた全体の働きを、大きく「統握」と総称していると考えれば、とくに問題はないといえる。

もういちど確認すると、個々の感覚契機、色、光沢、形などの射映は、知覚対象の色、光沢、形そのものではない。前者は実的に現われ出ているもの、後者は構成され統一された事物の対象性（白い

るに、あらゆる種類の事物契機とはまったく原理的に異なるということである。射映は、射映されたものと同じ名称で呼ばれるが、原理的にこれとは同一の類のものではない。射映とは体験である。だが体験は体験としてだけ可能であり、空間的なものとしては可能ではない。しかし射映されたものは原理的に空間的なものとしてのみ可能であり（それは本質上空間的である）、体験としては可能ではない。

紙、長方形の机）である。

これを、「射映」（＝射映してくるもの）と「射映されたもの」とは違う、という言い方でいってもよい。射映は「現われ」であり、つまり体験内容である。「射映されたもの」は体験内容ではなくそこから構成された事物性（対象の意味）である。〔⇒つまり前者はコギタチオ、後者はコギターツム〕

つまり、机の具体的な「見え方」と、そこから認識された「机」という対象性の違いがここにはある。机の見え方はつねに時間的変化のうちにあるが、構成された「机」は不変の空間的事物として把握される。

とくに、形態射映を（たとえば、三角形の形態射映を）空間的なもの、空間において可能なものと見なすことも不合理であり、そのように見なす者は射映を、射映された形態、すなわち現出する形態と混同しているのである。今やさらに、コギタチオとしての知覚のさまざまな実的契機が（超越的コギタートゥムの諸契機に対して）体系的完全性においていかにして区別されるかということ、また、部分的には非常に難しい区分にしたがっていかに性格づけられるかということが、大いなる研究のテーマとなる。

意識に現出している白い紙の四角形は、空間的なものだと思うかもしれないが、これは誤解である。実際に見えている紙は、完全な四角形という空間的形を示すことはなく、むしろさまざまな形を意識に現出しているものだからだ。

射映として現われ出ているものと、統合され構成された事物の形とを混同すれば、実的なものと超越的なものの本質的区別を把握することはできない。

第42節　意識としての存在と実在としての存在。直観様式の原理的相違

これまで行ってきた熟考から、事物はそれについての知覚を超越しており、さらに、事物に関するどんな意識をも総じて超越していることが明らかになった。ただ単に、事物は事実上、意識の実的契機としては見出されえないという意味においてだけでない。むしろ、その事情全体は、形相的に洞察できる事情なのである。端的に無条件の普遍性ないし必然性において、事物は、いかなる可能な知覚のうちにも、いかなる可能な意識一般のうちにも、実的に内在するものとして与

第42節　意識としての存在と実在としての存在。直観様式の原理的相違

ここまで、感性的に経験される事物、それ自体〔⇓たとえばリンゴ、机など〕は、それについての意識のあり方を「超越」したものだ、ということを見てきた。このことの意味をさらに考えてみよう。

事物の完全な全体像は、ただ意識のうちに「確信」として構成される対象であって、「実的成素」〔⇓意識内にたしかに現に存在すると確認できる感覚与件〕としては見出せない。このことは、事物知覚における意識の本質構造である（「無条

えられることができないものなのである。したがって、体験としての存在と事物としての存在の間には根本本質的な相違が浮き彫りになる。

件的な普遍性ないし必然性において」いえる)。ここからここまで見てきた対象の確信形成の構造を、「体験」としての存在と「事物」としての存在、という用語で考えることができる。*

＊ここからフッサールの論述は、対象の確信構成の構造を、「体験」と「事物」という枠組みで説明するのだが、もう一度つぎのことをよく注意しておく必要がある。

　フッサールによる対象の確信構成の基本構造は「コギタチオ－コギターツム」だった。そして、フッサールはつぎにそれを、「志向体験－志向対象」「実的なもの－超越的なもの」という異なった言い方で描写してきたが、ここでは、「体験－事物」、という区分で繰り返している。そして最後にそ体験は内在的知覚において知覚可能であるということが、体験という領域本質に（とくに、その領域的特殊化であるコギタチォに）原理的に属している。しかし、空間事物的なものの本質には、それが内在的知覚において知覚可能ではないということが原理的に属している。

れは、「内在－超越」という構図で語られることになる。これを忘れると、何かつねに新しい構造が語られているように思えて、基本図式を把握することが困難になる。フッサールは、「ただ一つのこと」を違った用語、違った観点で説明している、ということを忘れないこと。

「体験」と「事物」には本質的な違いがある。ここで「体験」とは、私の「意識内で生じていること」（意識体験）であり、私はこの「体験」をいつでも内的に観取（知覚）できる。一方、「事物」とは、現実的な事物対象（机）のことだが、これは意識の中で構成された対象確信であり、それ自体は「体験」のうちで分析をより深めていけば分かるように、事物を与えるあらゆる直観の本質には次のことが属しているとすれば、すなわち、事物に類似する他の所与性は、事物所与と結びついて、相応に眼差しを向ければ把握されうるのであり、事物的に現出するものの構成において、場合によっては、切り離しうる層や基礎段階という仕方において把握されるとすれば――例えば、さまざまな特殊化において現れる「視覚事物」のように――、事物と類似する所与性についてちょうど同じこと

〈知覚〉されることはない。これが、事物はつねに知覚から超越している、ということの理由である。

事物知覚に似た他の意識作用（想像、想起、表象作用）についても、この関係を内省的に洞察できる。上に述べたことは、たとえば「特殊化を具えた視覚事物」などでも同じく当てはまる。*

そうした特殊な対象についても（知覚的部分と想像的部分が交ざっていても切り離して対象とできるような対象）、内省的に実的な契機と超越的な契機とに分けて分析することができる。

＊この「特殊化を具えた視覚事物」で、フッサールが何をイメージしているのか、テ

が当てはまる。つまり、それらは原理的に超越するものなのである。

〈改行〉内在と超越の対立をさらに立ち入って追跡するに先立って、以下のような注釈を挿入しておこう。知覚から目を転じてみると、われわれは、本質上それ自らの志向的対象の実的内在を排除するような多くの種類の志向的体験を見出す。ちなみに、それがどのような対象であっても、である。このことは、例えば、あらゆる準現前化について、つま

クストからは臆測が難しい。おそらく絵画や映像のことのように思える。ここでの事物的だが「事物ではないもの」もまた、体験意識の実的要素ではない超越的なもの（構成されたもの）とされている。いずれにせよ重要性はない。

知覚体験では、上にみた実的な契機と超越的な対象とが明確に区別される。さらに、知覚以外の作用、すなわち想像、想起推測といった準現前化の作用においても、同じように内省による分析が可能である。想像され、想起され、推測されたもの（水の精、昔の記憶、他者の心など）もまた、事物知覚の対象（机や紙）と同じく、構成された超越的対象である。と

り、あらゆる想起や他人の意識の感情移入的な把握等について、当てはまる。当然ながら、われわれはこの超越を、われわれが今論じている超越と混同してはならない。

　事物そのものには、つまり、われわれによって解明され確定されるべき真の意味における実在にはいずれも、本質的に、そしてまったく「原理的に」、内在的には知覚されえないという不能性、したがってまた体験連関のうちには見出されえないという不能性が属している。だから事物は、それ自体また端的に、超越的と言われるのである。このことのうちに、存在の仕方の原理的な相違が、つま

はいえ、知覚の対象と想像や想起の対象との間には、本質的な違いもある。

　実在としての物理的事物は、本質的に、内在的知覚の対象とはならない（実的な対象ではない）。つまり事物的対象それ自体は、完全に、内在的な意識体験の向こう側にある存在であって、だからそれは「超越的」な存在と呼ばれる。

　このことのうちに、現実的な対象（＝事物）と、意識における対象（意識対象）との、存在仕方の本質的な相違が示されている。

りおよそ存在する相違のなかで最も重要な相違が、すなわち意識と実在との間にある相違がはっきり示されているのである。

〈改行〉内在と超越のこの対立には、われわれの叙述で浮かび上がってきたように、所与性の様式の原理的相違が属している。内在的知覚と超越的知覚とはただ単に一般的に、志向的対象が、すなわち生身の自己の性格において現にある対象が、一方においては知覚作用に実的に内在し、他方においてはそうではない、という点において区別されるわけではない。むしろ所与性の様式により区別されるのである。

いまやわれわれは、「内在的知覚」と「超越的知覚」の区別を明確に規定できる。内在的知覚の対象は、意識のうちに実的に（現に）見出される対象である。これに対して、「超越的知覚」の対象とは、意識のうちに実的には存在せず、ただ確信として構成される対象である。つまり一方は「実的に」所与され、一方はただ構成的に所与される。両者は所与性が違っているのである。*

＊所与性とは、対象の像が意識に現われ出

その所与の様式は、内在的知覚と超越的知覚とでは本質的に異なっており、知覚のあらゆる準現前化の変様へと、すなわち、平行する想起直観や想像直観へと、必要な変化を加えれば移行するのである。事物をわれわれが知覚するのは、事物が、場合によっては「現実的に」そして本来知覚のなかに「落ちてくる」すべての規定性に従っておのれを「射映する」からである。

る仕方のこと。意識への与えられ方とも言う。知覚像は「ありあり」、想像は、「ぼんやり」かつ意志に応じて。

対象の所与性は、内在的知覚と超越的知覚とでははっきりと違う。〔⇓内在的知覚はどこまでも実的、つまりつぎつぎに現われる感覚的像として、射映的に所与され、超越的知覚は構成された対象確信として所与される〕この知覚における内在的知覚と超越的知覚の違いは、「想起」や「想像」においても、これに対応的な違いをもつ。*

要するに、われわれは、内在的知覚（意識）のうちで対象が、「知覚像」の特質をもって、つまり、ありありと、実的に、射映的なあり方で与えられてくるときには、それを必ず「事物」と受けとるのである。

＊事物知覚は、内省によって、内在的知覚－超越的知覚という構造を取ることが分かる（コギタチオ－コギターツムと同じ）。同様に、対象の想起や想像の場合でも、内在的知覚と超越的知覚の構造を観取できる。そうフッサールはいっているが、それ以上詳しくは論じていない。読者自身が内省してその構造を取り出すと本質観取のよい練習になる。

少しだけ触れておくと、想起の場合、断片的な記憶像とそれに伴なう意味が「つぎつぎに」現われ、結果、「昨日友人と、今日夕方六時に渋谷駅で会う約束をした」と体験はおのれを射映しない。「われわれの」知覚が事物そのものに近づきうるのは事物の単なる射映のみによるということ、これは、事物の偶然的な気まぐれや「われわれの人間的素質」の偶然性ではない。むしろ、明らかに、そして空間事物性の本質から（しかも、「視覚事物」をも含めた最広義において）、そのような性質の存在は原理的に知覚においては射映をとおしてのみ与えられるということが分かる。

いったコギタートゥム（ある記憶の確信）が形成（構成）される、ということになる。

「体験」はおのれを射映しない。* これに対して、「事物」は「意識」のうちでの射映をとおして自らを与える。つまり、意識の中で確信として構成される。「事物」が必ず意識体験のうちで射映をとおしてわれわれに与えられること、このことは知覚的認識の本質である。

＊「体験はおのれを射映しない」この文章はかなりミスリーディング。ここまで、意識体験、つまりコギタチオは射映的に与えられると言ってきたからである。フッサールの主旨はすぐあとの、体験領域の諸契機では「射映をとおして自己呈示するという

同様に、コギタチオの本質、つまり体験一般の本質からは、体験は射映を排除

ようなことは、まったく意味をなさない」。つまり、体験は「射映的に」（部分的につぎつぎと）自らを所与するが、これに対して、事物は「射映をとおして自己呈示する」、といいたい。

もういちど整理すると、射映的に現われてくる「体験」がコギタチオ、すなわち「内在的知覚」。射映をとおして同一物として呈示される「事物」（対象確信）がコギターツム、すなわち「超越的知覚」である。

「体験＝コギタチオ＝内在的知覚」と、

「事物＝コギターツム＝超越的知覚」

これに対して、「体験」（意識体験）は、射映をとおして構成されるものでは

するということが分かる。別言すれば、体験領域の存在者にとっては、「現出する」とか、射映をとおして自己呈示するというようなことは、まったく意味をなさない。空間的存在のないところでは、さまざまな観点から、方位づけを変えながら、そうして現れるさまざまな側面に即して、また、さまざまな視点や現出や射映に即して見るという言い方が意味をなさないのである。

他方、空間的存在一般は、或る自我にとって（どの可能的自我にとっても）先に特

なく、つねにそれ自体として与えられる。意識体験の領域は、事物のほかさまざまな対象を構成する当の領域であって、ここでは対象は、射映をとおして構成されたものではなく、つねに直接的な感覚の所与である。

こうして、「事物」と「体験」の違いがはっきりする。「体験」はわれわれの直接の意識領域であり、「事物」はそこで構成されることで、必ず「空間的存在」としてわれわれに与えられる。〔⇓「体験」はいわばキャンバスであり、「事物」はそこで描かれる絵である〕

このように、事物すなわち空間的な存在としての対象が、「意識」に現われて

徴づけた所与性様式においてのみ知覚されうるということは、一つの本質必然性であり、本質必然性として必当然的洞察において把握されうることである。空間的存在は、或る「方位づけ」においてのみ「現出する」ことができる。その方位づけとともに、次々に現れる新しい方位づけのための体系的可能性が必然的に示され、その新しい方位づけのどれにもまた或る「現出様式」が対応していて、この現出様式をわれわれは、これこれの「側面」の所与性などと表現するわけである。

くる仕方は本質的な特質をもつが、この特質は、内省による本質洞察によってのみ「必当然的」なものとして把握されることを忘れてはならない。*

＊必当然的→apodiktisch 単なる必然性よりも強いニュアンス。絶対的に必然的な。たとえば数学的な規則の必然性など。

空間に位置を占める物理的事物は、まず、われわれにある方位（一定の向き）をもって現われる。だから事物は、一挙に全体をわれわれに与えることはなく、必ず、さまざまな側面をつぎつぎにという仕方で、自らを与えてくる。

そうした現われ方をとおして、はじめてわれわれは、当の事物の全体性を確信として形成するのだ。これが空間的な事われわれが現出様式という言い方を、体験様式という意味で理解するなら（この言い方はまた、今述べたことから明らかなように、相関的な存在的意味を持ちうる）、それは次のことを意味する。

　すなわち、固有の仕方で作り上げられている体験様式の本質には、より詳しく言えば、固有の仕方で作り上げられている具体的知覚の本質には、その知覚において志向されているものが、空間事物として意識されるということが属している。そして、この知覚の本質には、一定に秩序づけられた連続的な知覚の多様へ

物が「意識」（＝体験）に与えられてくる仕方（現出様式）の特質である。

　いま述べたことを、さらにいいかえることができる。

　ふつうの事物知覚（たとえば机）では、対象はいま述べたような仕方で「意識」（＝体験）に現われ出る。つまり部分部分をつぎつぎにという仕方でのみ意識に与えられる。ただしもっと詳しくいえば、ここで部分部分の射映がすべてまとめ上げられて全体像を作り上げるというのではない。射映的な現われのうちでわれわれは、一つの事物対象の全体像を「志向的」に思い描く。

　われわれの「意識」（＝体験）では、対

と移行するという理念的な可能性が属していて、この知覚の多様は繰り返し継続されることができ、決して完結することはない。

　この多様の本質機構には、それが、調和的に与える働きをもつ意識の統一を作り出すということが含まれている。この意識は、ひとつの知覚事物についての意識であるが、知覚事物というものは、ますます完全に、常に新しい側面から、ますます豊かな規定にしたがって現出するのである。他方、空間事物は、志向的統一にほかならないのであって、この統一は、原理的にはただ、そのような現出様式の統一としてのみ与えられることがで

象の部分部分がつぎつぎに現われては消えて行くというありようが、どこまでも続くのであり、これで完結という場面に達することは決してない。

　知覚対象は、「意識」（体験）には多様な像の連続として現われる。このことをとおして「意識」は、対象の全体性を調和的な統一として構成する。またこの多様な像がつぎつぎに与えられてゆくほどに、この知覚対象は、われわれにいっそう豊かにその「何であるか」を示す。

　空間的な「事物」は、原理的に、いま見てきたような「意識」（体験）における「志向的な統一」として、つまり一つの対象確信の構成としてわれわれに把握さ

きるのである。

第43節　一つの原理的誤謬の解明

したがって、次のように考えるのは原理的な誤謬である。

――知覚は（そして知覚とは別種のあらゆる事物直観も、それぞれの仕方において）事物自体に近づくことはない。つまり、事物はそれ自体で存在し、その自体存在においてはわれわれには与えられていない。どんな存在者にも、それをあるがままに端的に直観するという可能性、とくに、どんな媒介もなしに「現出」によって生身の自己を与えるような十全的な知覚に

れるのである。

第43節　一つの原理的誤謬の解明

それゆえ、つぎのように考えるのは根本的な間違いである。〔⇒カントの「物自体」の考えへの批判〕

そもそも人間の認識は、事物そのものを把握することは決してできない。事物それ自体は、人間の認識からは完全に独立したものだ。なぜなら、人間は有限で不完全な認識しかもたず、事物それ自体を完全に認識することはまったく不可能だからである。だが、神のような全知の存在があるなら話は別だ。神のもつ認識

おいてそれを知覚するという原理的な可能性はある。絶対的に完全な認識の主体であり、したがってまたすべての可能な十全的な知覚の主体である神は、当然、事物それ自体についての、われわれ有限な存在者には拒まれている知覚を所有している——。

〈改行〉しかし、このような見解は背理である。この見解では、超越的なものと内在的なものの間に本質上の相違がないということになり、また、要請されている神的直観があるとすればそこにおいて空間事物は実的構成要素であり、したがってそれ自体体験であり、神的な意識流および体験流にともに属するということ

能力ならば、事物をその存在の「あるがままに」直観し、認識するということ、つまり、完全かつ十全的な認識、「物自体」の認識が可能であるといえる、と。

こうした考えは完全に誤っている。現象学的にいえば、ここでは「内在」と「超越」という本質的な区別が存在しない。人間の認識は、まず物の知覚が「意識」（つまり内在的体験）に現われ、その多様な現われをとおして対象の認識が構成される。この構成された対象を「超越」と呼ぶ。〔⇓赤い、丸い、つやつやとい

になるからである。そのような見解をもつ人は、事物の超越とは像あるいは記号の超越であるという考えによって迷わされているのである。

しばしば、写像理論は熱心に論駁され、その代わりに記号理論が用いられることがある。しかし、これらの理論はいずれも、間違っているばかりでなく、背理なのである。われわれが見ている空間事物は、それが超越したものであってもやはり知覚されたものであり、そのありありとした姿において意識に与えられた

う所与から、これは一つのリンゴだ、という対象確信になる」だが、神的な認識を認める立場からは、神の事物の直観＝認識は、すなわち事物の完全な認識に一致する。ここでは、人間の認識は、事物それ自体の代理物の認識だということになる。

こうした（カント的な）考えからは、人間の認識は、その不完全な認識装置を通して現われた、事物自体の「像」にすぎないとか、あるいは「記号」にすぎない、といった考えが必然的に現われる。

だが、こうした認識図式は完全な誤りである。* われわれの知覚体験は、対象それ自体の像や記号ではなく、いわばあら

ものである。そうしたものの代わりに、像ないし記号が与えられているのではない。知覚を、記号意識ないし像意識にすりかえてはいけない。

〈改行〉一方における知覚、他方における像的に象徴的な表象あるいは記号的に象徴的な表象、この両者の間には、架橋できない本質上の相違がある。このような表象様式において、われわれは、或る

ゆる認識にとっての第一のもの、そこからすべてが現われ出る「オリジナル」であって、何かを代表したり、表象したりするものでは決してない。

＊カント的な考えは典型的な「主観－客観」図式になる。

　神は客観をありのままに認識する。人間にとっては、認識は、客観的な存在の媒介された「像」あるいは「記号」だということになる。

「知覚」と、像的な表象あるいは記号的な表象とはまったく異なったものだ。知覚では、われわれはある対象に直接向き合っている。絵、写真、また記号的シンボルでは、われわれは暗黙にその背後の

ものが別の或るものを写像あるいは記号的に暗示している、という意識でそれを直観している。或るひとつのものを直観野のなかにもちながら、われわれはそれに向かうのではなく、基礎づけられた統握の媒介により、別の或るもの、つまり模写されたもの、表示されたものに向けられているのである。知覚においては、このようなことは問題にならないのであり、素朴な想起や素朴な想像においても、そのようなことは問題にならない。

〈改行〉直接的に直観する作用において、われわれは当のもの「自体」を直観している。そうした統握の上に、より高い段階の統握が構築されることはない。

「本体」を意識しつつ、その代理物としてそれらを見ている。想起や想像の場合も同じで、知覚のような直接的対象ではないが、しかしそれらはやはり絵や像のような代理物とは言えない。*

＊あるリンゴの想起はそのリンゴの「本体」を背後にもつといえなくはないが、しかし想起は対象の代理像ではなく、「想起されたもの」という特質をもつ。想像はなおさら本体の代理物ではない。

つまり、知覚直観は、われわれがその背後に何も見ていないという意味で「最初のもの」「オリジナル」である（直接の受け取りであって、高次の把握作用はない）。

したがって、直観されたものが、その「記号」や「写像」として機能できるようなものは何も意識されてはいない。まさにそれだからこそ、直観されたものは直接的にそれ「自体」として直観されると言われるのである。

知覚においては、同じものがさらに独自に「ありありとしたもの」として特徴づけられる。それとは違って、想起や自由な想像においては、同じものが「眼前に浮かぶもの」「準現前化されたもの」という変様された性格をもつ。

もしこれらの本質的に建てつけの異な

だからそれは、何の代表でも代理でもなく、それ自体のものだ。〔⇓ここの「それ自体」は、カントの「物自体」、知覚の背後に隠されている「本体」ではなく、知覚それ自体〕

知覚も想起も想像も、ある意味で代理物ではなく、直接性、最初のものだ。ただ知覚が「ありありとした像」という特質をもつのに対して、想起や想像は、これに準じた直接性（ありあり性）しかもたない。この意味で「準現前化されたもの」と呼べる。

こうして、「知覚」「想起」「想像」、

る表象様式を、したがってそれと相関的に、それらの表象様式に対応する所与性相互を、通常のやり方で混同するとするなら背理に陥ることになる。つまり、素朴な準現前化を象徴化（写像的な象徴化であれ記号的な象徴化であれ）と混同したり、まして素朴な知覚をそのような象徴化と混同するなら、背理に陥ることになるのである。事物知覚は現在していないものを準現前化するのではない。それでは想起や想像と同じであろう。

事物知覚は当のもの自体を、そのありありとした現在において現前化し、把握するのである。こうしたことを事物知覚

そしてさらに、その「写像」や「記号」は、それぞれ異なった本質をもつ意識対象である。これらを混同するなら、「意識」の構造の分析は成り立たない。

知覚、準現前的なもの、象徴化されたもの、これらはあくまで異なった意識対象なのだ。〔⇒その違いは、本質観取によって取り出せる。知覚は、いまここに存在するもののありありとした直観、想起や想像は、いまここに存在しないものを「準現前化」する意識の作用、像や記号は、それらの代理、代表象である〕

繰り返すと、知覚は、いまある事物を直接的な、ありありとした直観として把握する。知覚は、こうした本質をもつゆ

は、事物知覚固有の意味にしたがってなす。そして事物知覚に別の要求をするなら、それは事物知覚の意味に抵触することになる。そのうえ、ここにおけるように事物知覚が問題となる場合には、事物知覚の本質には、射映的な知覚であるということが属するのである。そして、それと相関的に、事物知覚の志向的対象の意味には、つまり事物知覚のうちで与えられているものとしての事物の意味には、原理的にただ、そのような性質をもつ知覚、すなわち射映的な知覚によってのみ知覚可能であるということが属している。

えに、「射映」という所与の性格をもって現われる。つまり事物知覚は本性上、つねに、射映的な知覚としてしか与えられない。* これは、事物知覚の原理的性格なのである。

＊事物知覚は「射映的な知覚によってのみ」可能、とあるが、この表現もきわめて紛らわしいので補足。ここでフッサールが言いたいのは、先の説明にあったように、「事物知覚」、すなわち対象確信、コギターツム、超越としての「事物」は、射映的に現われる知覚体験をとおしてのみ与えられる、ということ。

第44節　超越的なものの単に現象的な存在、内在的なものの絶対的な存在

事物知覚にはさらに、ある種の不十全性が属していて、このこともまたひとつの本質必然性である。事物というものは原理的にただ「一面的に」与えられることができる。しかも、このことは、任意の意味でただ単に不完全に、ただ単に不十分に、ということではなく、射映による呈示が規定しているもののことを言っているのである。

第44節　超越的なものの単に現象的な存在、内在的なものの絶対的な存在

事物知覚は、ある意味で不完全性（不十全性）をもっている。* まず事物知覚は、事物の全体を一挙には与えず、必ず「一面的」に、あるいは部分部分を少しずつ、という仕方で与える。知覚のこうした現われ方をわれわれは「射映」と呼んできた。

＊ここでの「事物知覚」は視覚（見ること）がモデルなので、視覚体験と置き換えてよい。言われていることは、聴覚でもまず妥当するが、触覚、味覚では、中心対象とその背景の庭という構造は妥当しない。

事物は、必然的に純粋な「現出様式」においてて与えられており、その際「実際に呈示されたもの」の核は必然的に、統握的には非本来的な「共所与性」の地平、そして多少とも漠然とした未規定性の地平によって囲まれている。

この未規定性の意味はまた、事物として知覚されたものの一般それ自体の普遍的な意味によって、あるいは、われわれが事物知覚と呼ぶこの知覚タイプの普遍的な本質によって、あらかじめ規定されて

「事物」の知覚（＝視覚）体験では、まず顕在的な（規定された）中心対象があり、そのまわりに、見えてはいるがさほど顕在的ではない（まだ未規定的な）部分が拡がっている。〔⇒たとえば一つの机を見るとき、まずその台の部分の大きさや色などははっきり把握されるが、まわりの細部、脚やひきだしの形状などはさほど注意されておらず、未規定的〕

この、顕在的な中心対象と、そのまわりの非顕在的（未規定的）な部分があることは、視覚の基本構造である。「未規定」な部分は、しかし注意を向け変えればいつでも顕在的な対象となる。

いる。未規定性とは、必然的に、確実に指示された様式の規定可能性を意味するからである。この未規定性はあらかじめ、可能な知覚多様を示していて、この多様は、不断に互いに移行しあい、知覚の統一へとまとめあげられ、この統一において、不断に持続する事物が、つねに新しい射映列のなかで、そのつど新しい（あるいは、元にもどって古い）「側面」を示すのである。

その際にしだいに、非本来的にともに把握された事物的諸契機が、現実的呈示へと、したがって現実的所与性へといたり、未規定性はより細かく規定されていき、そうしてそれ自体が明瞭な所与性へ

中心対象のまわりにはさまざまな対象があり、われわれは視線を移すことでそれらの対象を明瞭にとらえてゆき（また注意をもとの部分に戻したりしつつ）、そのことで対象の全体像をより明瞭に把握してゆく。

つまり、はじめは、「机がある」という大きな把握があるが、注意を諸部分に移してゆくことで、はじめには明瞭に意識されていなかった部分も明瞭な注意の対象となってゆく。このとき、とうぜん

と変化していく。もちろん、これとは逆方向に、明瞭なものがふたたび不明瞭なものに、呈示されたものが呈示されていないものへと移行したりする。

このような仕方で無限に不完全であるということが、事物と事物知覚という相関関係の廃棄できない本質に属しているのである。事物の意味は事物知覚の所与性によって規定されているとすれば（ほかに何がその意味を規定しうるだろうか）、それはこのような不完全性を要求し、必然的にわれわれに可能的知覚の連続的に統一的な関連を指し示している。

のことだが、注意の向け変えによって、これまで明瞭だった中心対象は、不明瞭な対象となる。

要するに、ある対象を明瞭に注意すると、別の対象は明瞭な注意の対象でなくなるという構造があるため、対象の全体が、一挙に完全に、明瞭に把握されることはない。このことは事物の知覚体験の本性である。

一方、事物知覚、つまり、これはこれこれの物だという対象－意味の明瞭な把握は、こうした知覚体験のプロセスをとおしてのみ与えられる。いいかえると、事物知覚は、部分的な所与の連続的統一をとおしてのみ可能であり、対象の全体を一挙には与えないという原理的な不完全性をもつ。*

＊この四四節での「事物」と「体験」の対比とその構造の叙述はきわめて煩瑣で、ほとんどの読者にとって混乱を避けられない。フッサールの「事物」と「体験」という用語の使い方が十分整理されていないためである。そこで、以下をこの節の読み方の指針として注においておく。

読者は、なによりまず、ここでの「体験」－「事物」の構造が、コギタチオ－コギターツムの構造と同じであることを心にとめておく必要がある。さらに、ここで「体験」とは、知覚についての内在的な意識体験であること、またここで「事物」とは、構成された対象確信としての「事物」であり、「超越的なもの」であることに留意しておく必要がある。

　フッサールは、しばしば内在的意識のうちで構成された「対象確信」を「事物」と呼び、さらに外的な実在物としての対象をも「事物」と呼んでいる。これを解説しておくとこうなる。われわれは、一般に、知覚する対象を客観的な「実在的事物」と見なしている。しかし現象学的な内省は、この「実在的事物」は、じつは「意識体験」のうちで構成された「対象確信」（超越としての事物）であることを教える、ということ。

　このことが、この前後の節でフッサールが、繰り返し、繰り返し、じつにさまざまな言い方で述べていることの要諦である。

しかし『イデーン』のテクストでは、「実在的事物」と、「確信対象」として把握された「超越的事物」との両方がしばしば、「事物」と呼ばれている。もう一つは、フッサールは、客観的な「知覚すること」と、内省としての「知覚体験」との両方を、「知覚」の語で呼んでいる。

そこで私は、以後、できるかぎり、内在的意識は「意識」、内在的な知覚は知覚と傍点で示し、また、構成された事物を「事物」として客観的な意味での事物と区別するようにする。それゆえ「体験」と「事物」は、どちらも現象学的な「体験」（コギタチオ）と「事物」（コギターツム）を意味する。

この可能的知覚は、何らかの遂行された知覚から発して無限に多くの方向へと、体系的に確固として制御された仕方で、しかも、どの方向へも無限に延びていくが、つねに意味の統一によって統御されている。原理的には、つねに規定可能な未規定性の地平は残り続ける。われわれが経験においてどれほど遠くへ歩みを進めようと、また同一事物の顕在的知覚のどれほど大きな連続を経たとしても、その地平は残っているのである。いかなる神も、一足す二は三であることや、何らかのその他の本質真理が存在するということを変えられないのと同様に、このことについては何ら変更を加え

知覚は、ある対象の部分的知覚から出発し、つぎつぎに注意を移して、それらを統合しつつ対象のより豊かな全体像を把握してゆく。

　しかし、われわれの視線には限界があるので、つねに未規定な地平が残される。これも人間の知覚の本性である。これは、たとえ神といえども1＋2＝3や、その他の真理〔⇒事物が一定空間を占めることなど〕を変えられないのと同じことだ。

ることはできない。

〈改行〉一般的に以上から次のようなことを見てとることができる。すなわち、超越的存在一般は、それがどんな種類のものであろうと、自我にとっての存在として理解され、事物と類比的な仕方においてのみ、つまり現出をとおしてのみ所与性へといたることができる。そうでなければ、超越的存在はまさに、内在的にもなりうる存在となるだろう。しかし、内在的に知覚可能であるものは、ただ内在的にのみ知覚可能なのである。右に示され、今や明らかにされた混同を犯すならば、同一のものが、ある時には現出をとおして超越的知覚の形式において与え

いま述べてきたことからつぎのように言える。およそ「超越的な存在」（さまざまな現実の事物、事象など）は、知覚をとおしてわれわれの「意識」（＝自我）に与えられる。つまり対象のさまざまな側面が所与されつつ統合されて、一つの存在対象として把握される、というプロセスをとる。そうでなければ、「超越的」対象は、「意識」の内でそれ自身として存在するもの、つまり「内在的」な存在でもある、というおかしなことになる。そうなると、「超越的なもの」と「内在的なもの」の区別はなくなってしまう。

しかし、この両者を混同してはならな

られ、別の時には内在的知覚をとおして与えられるといったことを可能と見なしてしまうことになる。

〈改行〉だがわれわれはさし当たり、とくに事物と体験の間にある対比を、なお別の側面から明確にしてみよう。体験は自らを呈示しない、とわれわれは述べた。このことのうちには次のようなことが含まれている。すなわち、体験知覚は或るものの素朴な観取なのだが、その或るものとは、知覚のうちで「絶対的なもの」として与えられており（あるいは、与

い。「超越的なもの」は必ず「内在的なもの」の所与のプロセスをとおしてのみ成立する。これが一切の事物知覚の本質構造だからである。〔⇒「超越的」と「内在的」は対をなす重要概念で、四六節で議論される〕

われわれは、「事物」と「体験」の違いをさらに別の側面から考えてみよう。さきに、体験は射映をとおしておのれを呈示するのではないと述べたが、これはどういうことか。

「体験」の与えられ方は、「事物」の与えられ方とはまったく違う。すなわち、「体験」は、「事物」のように射映をとおしてある「同一物」として与えられるの

えられうるものであり)、射映をとおした現出様式によって同一物として与えられているものではない、ということである。

われわれが事物所与性について詳述したことのすべては、ここではその意味を失う。そして、この点を詳細に完全に明瞭にしなければならない。感情体験は射映されない。私が感情体験に視線を向ければ、私は或る絶対的なものをもつ。その絶対的なものは、或る時はこう、また或る時はこうとおのれを呈示できるような側面をもってはいない。

思考しつつ、私はその感情体験につい

ではない。それは、統合され、構成されるのではなく、直接に、絶対的に「意識」に所与される。

「体験」の所与のあり方が、「事物」所与のあり方とは違うことを、「感情体験」というものを例にとって考えてみよう。

感情体験は、一挙に、絶対的に、「意識」に与えられてくるものであって、「事物」のように、あるときはこの部分、別のときにはこの部分という仕方で、つまり「射映をとおして」与えられるものではない。

私はある感情をもちながら、その感情

て真なるものと偽なるものを考えることはできる。しかし直観する眼差しのなかで現にあるものは、その質や強度等々をそなえて絶対的にそこにあるのである。これに反して、バイオリンの音は、客観的な同一性を伴いながら射映によって与えられているのであり、その音は変化する現出様式をもっているのである。現出様式は、私がバイオリンに近づくか、あるいはそれから離れるかによって、また私がコンサートホールの中にいるか、あるいは閉じられた扉をとおして聴くか、等々によって別様になる。どんな現出様式も、絶対的に与える働きをする様式であると見なされる権利をもたない。

についてそれが真実かどうかなどと思考、することもできる。しかし感情自体は、そうした思考とは無関係に絶対的に与えられてくる。

　これをバイオリンの知覚体験と比べてみよう。私は、いろんな距離、またいろんな場所の環境でバイオリンの音を聴くことができる。つまりバイオリンの音のさまざまな側面を聴くことをとおして、これはたしかにバイオリンの音だという判断をもつ。この場合、この聞こえ方が絶対に正しい聞こえ方だ、といえるものはない。それが事物知覚の特性である。*

＊事物知覚の特質をいうために、バイオリンの音を例にとるのはややまぎらわしく、適切とはいえない。このバイオリンの音は

とは言え、私の実際的関心の枠内では或る種の様式が正常な様式として或る優位をもつ。つまり、コンサートホールの中で、「正しい」位置で聴けば、私は音「そのもの」を「実際に」響いているとおりに聴く。同様に、視覚的関係におけるどんな事物についても、われわれは、

ストラディバリウスの音色だ、といった場合には「射映をとおして」という言い方は妥当する。しかしふつうは、われわれはいわば「一瞥的」に、つまり一瞬の音で、これはチェロだ、とかバイオリンだとかを聴き分ける。バイオリンの音色の認知－把握は、単なる聴覚ではなく、情動所与がその本質要素だからだ。

もちろん、われわれは、バイオリンの音はこのくらいの距離や環境で聴くのがいちばん「正しく聴ける」と言ったりする。また、物を見るとき、あまり離れ過ぎるのもまた近づきすぎるのも、「正しく」見ることにならない、などともいう。

それが正常な見え方をもっていると言う。つまり、われわれは、色、形態、事物全体について、その事物を正常な自然光のもとでわれわれに対して正常な方向から見れば、事物は本当の見え方を呈しているとか、その色は本当の色であるとか言う。

しかし、このことはただ、容易に確信できるように、事物の客観化全体の枠内における一種の二次的客観化を指し示しているに過ぎない。われわれが「正常な」現出様式のみに固執して、そのほかの現出多様性やその多様性への本質的な関係を切断してしまうなら、事物所与性の意味はもはやまったく残らなくなって

つまりわれわれは、一般に、物の色、形態、全体像などについて、ある正常な見え方というものを想定しており、そのため、たとえばその色はこれこれの場合最も「正しい色」を示す、という言い方をする。

しかし、このことは、たとえばバイオリンの正常な音について、その日常的、平均的、一般的な聞こえ方がある、と言っているにすぎない。だが実際には、これがバイオリンの絶対的に「正しい音」、などというものは存在しない。そうした考えに囚われると、事物知覚の本質構造は見えなくなる。

しまうであろう。

〈改行〉したがってわれわれは次の点を堅持する。すわなち、現象をとおしての所与性の本質には、いかなる所与性も事象を「絶対的なもの」として与えることはなく、一面的な呈示において与えるということが属している。一方、内在的所与性の本質には、まさしく、絶対的なものを与えるということが属していて、この絶対的なものは、諸側面において呈示されたり射映されたりすることができない。射映する感覚内容そのものは事物知覚の体験に実的に属していて、確かに他のものに対する射映として機能するが、しかしそれ自体は射映によって与えられ

要するに、事物知覚は意識体験の所与をとおして成立する。つまり、事物知覚は対象を一挙に絶対的には与えず、ただ知覚体験における多様な側面の「射映をとおして」のみ与えられる。〔⇒ここでの事物知覚と意識体験は、「事物」と「体験」と同じ〕

　これに対して、内在的（意識）体験は、そのつど直接的に絶対的に与えられるのであり、「射映をとおして」与えられるのではない。ここでは個々の感覚内容（コギタチオ）は、実的な要素としてその諸部分を「射映的に」与えてくる。

もう一度繰り返すと、「事物」（対象確

るものではない、ということは明らかである。

〈改行〉なお、次の相違にも注意してもらいたい。体験もまた、完全に知覚されているのではない。決してそうではない。体験はそのまったくの統一においては十全には把握されえない。

体験は、本質上、ひとつの流れであり、われわれは、この流れに内省的な眼差しを向けながら、今の時点からこの流れを追って泳いで行くことができるが、あとにした流れは知覚にとっては失われ

信）は「射映をとおして」われわれに把握されるが、「体験」の個々の感覚内容は、「意識」にそのつど直接に与えられるのだ。

体験は「絶対的に」自らを与えると言ったが、それは、体験が「その全体を一挙に意識に与える」という意味ではない。

「体験」は、本質的に一つの体験流、つまり時間的流れである。だからわれわれは、過ぎ去った体験の流れは、ただ記憶の助けによって（「過去把持」や「再想起」によって）事後的にとらえるほかない。*だ

ているのである。過去把持の形式においてのみ、もしくは、顧みる再想起の形式においてのみ、われわれはたった今終わってしまったものの意識をもつ。そして、結局、私の全体験流は、体験の統一であり、この統一について、完全に「ともに泳いでいく」知覚把握は原理的に不可能である。

しかし、体験知覚の本質に属しているこの不完備性ないし「不完全性」は、「超越的」知覚、すなわち、射映する呈示や現出のようなものによる知覚の本質に横たわる不完備性ないし不完全性とは、原理的に別ものなのである。

〈改行〉われわれが知覚圏域において見

から、体験流のかなり短い範囲以外は、その全体を一挙に直接に把握することは、原理的にできない。

＊「過去把持」と「再想起」は、『内的時間意識の現象学』でフッサールがおいた概念。記憶＝想起はこの二つに区分される。過去把持は直前の過去の想起で、再想起は少し前の体験の想起。

とはいっても、体験流の全体を直接把握することの不可能性と、外的な事物知覚の「超越性」、つまり事物の全体像を完全に把握することの不可能性とは別ものなので、混同してはならない。

「机を見る」といった知覚体験を、机の

出すようなすべての所与の様式とそれらの間の相違は、再生産的変様へと入り込むが、それはその変様に応じた仕方においてなのである。事物の準現前化は、呈示をとおして準現前化するのだが、その際、射映そのもの、統握、したがって現象全体は徹頭徹尾、再生産的に変様されている。体験についてもわれわれは、準現前化の仕方で、また準現前化における内省の仕方で、再生産と再生産的直観の作用をもつ。当然ながら、体験の場合には、われわれは再生産的射映についてはなにも見出さない。

想起や想像（準現前化）の体験に置き換えるとどうなるだろうか。その構造はとうぜん大きく変わる。

　まずここでは、知覚におけるような「射映」というものは現われない。机の想起や想像はどこまでも心の中で机の像を「再生産」することだ。だからその像は直接知覚として与えられない。想起や想像の働きは、「再生産的」に作り出された机を形成するが、現実存在する机を構成することはない。*

＊この箇所もかなりミスリーディング。いま事物知覚における内在的体験の構造と、そこから「事物」が構成される構造を見たのだが、これを想起や想像でも考えよう、というのが主旨。しかし想起や想像では、

〈改行〉われわれは続けて次のような対照化をしておこう。準現前化の本質には、相対的な明瞭性ないし曖昧性という程度上の相違が属している。明らかにこの完全性の相違もまた、射映的現出による所与性に関する相違とは関係がない。表象は、明瞭さに多少の差はあれ、そうした段階的明瞭性をとおして自らを射映するわけではない。すなわち、われわれの術語にとって規定的な意味において射映するのではない。空間的形態や、それを覆っているあらゆる性質や、したがって「現出する事物そのもの」全体は、そ

現実の「事物」を構成しないので、煩雑な記述になっている。

　さらにつぎのことも言える。想像や想起の像は、本性上、知覚像のような明瞭さはない。またその対象に応じて明瞭度の違いがある（鮮明な記憶やぼんやりした記憶）。知覚でも像の明瞭度が違うことがあるが（辺りが暗い場合など）、それとはまた別である。

　想起や想像では、知覚の場合とは違って、明瞭性の度合いをとおして自らを射映することはない。知覚においては射映は本質的特性である。

　知覚は、対象の多様な側面をつぎつぎに呈示しつつ、対象の空間性や諸性質と

の意味にしたがって、多様に自らを射映するのだが、その表象が明瞭なものであるか曖昧なものであるかは関係ない。

再生産的な事物表象は、さまざまな可能的な明瞭性の程度をもっており、しかもそれぞれの射映様式に応じたそれぞれの程度をもっているのである。相違と言っても、さまざまな次元にある相違であることは分かるだろう。われわれが知覚圏域そのものにおいて、明瞭にまた不明

いった事物の全体像を構成する。そして その際、像の明瞭さは構成される事物確信とは関係がない。[*]

*たとえば想起では、ありありとした想起とぼんやりした想起は、その対象の意味が違う。確実な記憶と、確かでない記憶。だが知覚では、薄暗い場所で見た机でも、「机」という対象意味は変わらない。

もう一度言うと、知覚においても記憶・想像においても、像の明瞭度の違いというものは存在する（暗い場所での知覚や、鮮明な記憶）。つまりどちらにも像の明瞭さ（所与性充実）の違いはつきまとう。しかし、両者の意味は違う。薄暗い場所なので知覚像が不明瞭であっても構

瞭に見ること、判然と見ること、また判然としない仕方で見ること、という名称で区別している相違が、今述べた明瞭さの相違とある種の類似性を示していることもまた明らかである。両者はともに表象されるものの所与性充溢における程度上の増加と減少のことであるという限りにおいて類似しているのである。けれどもこの相違が、それぞれ別の次元に帰属していることもまた明らかである。

第45節　知覚されていない体験、知覚されていない現実性

このような事情に沈潜するならば、われわれは以下のような本質上の相違を

成される対象意味は変わらない。記憶の像の鮮明と不鮮明は、「直近の記憶」だったり、「間違いかもしれない記憶」という対象の意味の違いを示すことがある。

第45節　知覚されていない体験、知覚されていない現実性

このように見てくると、「体験」と「事物」の本質的な違い、またその関係

も、体験と事物は知覚可能性に関して相互にどのような関係にあるのかという仕方において理解することになる。〈改行〉体験の存在様式には、原的な現在として生き生きしている現在的な体験のどれに対しても観取する眼差しが直接的にむけられる、ということが属している。このことは「内省」という形式において起きる。内省は次のような注目すべき特質をもっている。つまり、内省において知覚されつつ把握されるものは、ただ単に存在し、知覚する眼差しの内部で持続しているだけでなく、この眼差しがそれにむけられる以前にすでに存在していたような或るものとして原理的に性格づけられるのである。

を、以下に総括できる。

私の「体験」とは、私が、いつでもそのありありとしたありようを内省できるものである。つまり、いま現にある自分の意識がどのようであるかを、私はいつでも観て取ることができるが、このとき注意すべきことがある。

たとえば、いま私はリンゴを見ながら、この視覚体験のありようを「内省的に」とらえることができる。私はいま、自分の意識に、「赤い」や「丸い」という感覚がありありと現われていることを確認できる。またそのとき私は、この「赤い」や「丸い」の感覚が、自分がそれを内省的に把握する前から意識に存在していた、ということも理解する。

「すべての体験は意識される」ということ、これは、とくに志向的体験に関しては、次のようなことを言っている。すなわち、体験は、単に或るものについての意識であるばかりではなく、また体験そのものが内省的意識の対象である場合に、そうした意識として現前するばかりではなく、すでに内省されないまま「背景」として現に存在し、したがって原理的には、われわれの外的視野のなかにあって注意をむけられていない事物と類比的な意味において、知覚される用意ができているのである。

これらの注意をむけられていない事物

「自分の意識体験がいつでも内省的に対象化できる」ということ、これは次のことを含んでいる。われわれは、自分の意識のありようについて、いつでもそれを自覚的な内省の対象とすることができる。だが、それだけでなく、いま自覚的に内省されていない対象（部分）についても、それに注意を向けて自覚的な内省の対象とすることができる。

それは、ちょうど視覚において、中心的対象の背景にあるまだ明確な注意の対象でないものを、いつでも注意を向けて自覚的な対象となしうるのと同じだ。

ただし、まだ自覚的に注意されない対

は、それらが注意をむけられていないものとしてある種の仕方で意識されている限りにおいてのみ、つまりそれらにあってはそれらが現出している場合にのみ知覚される用意のできたものでありうる。すべての事物がこの条件を満たしているわけではない。私の注意の視野は、現出するすべてのものにおよんでいるが、無限ではない。

　他方、内省されていない体験もまた、それとはまったく別の、体験の本質にふさわしい仕方ではあるが、知覚される用意のためにある種の条件を満たさなければならない。体験は「現出する」ことはできないからである。いずれにせよ、体

象が明瞭な意識の対象へと変わるには、少なくともその対象が私の視覚野に存在していなければならない。人間の視覚には限界があるから、このことが、対象が自覚的な注意の対象となるための必要条件といえる。

　いま、個々の事物対象が自覚的な内省対象となるための条件を見た。今度は、私の意識体験それ自身が私の内省の対象となるための条件を考えてみよう。

　私の意識体験は、個々の知覚対象とは違って、そのつど視野に現出してくるよ

験はいつでも、それが現に存在するという仕方だけで、その条件を満たすのであり、しかも体験がそのように現に存在するのは、体験が帰属する当の自我にとってであり、その純粋な自我の眼差しは、場合によっては体験の「なかで」生きているのである。

内省と体験は、ここでは単に暗示されていたこれらの本質固有性をもっているからこそ、われわれは内省されていない体験について、したがって内省そのものについても知ることができる。経験の再生産的（そして過去把持的）変様が、ただ相応に変様されただけの平行的な性質をもつということは自明である。

うなものではない。それは、私が目覚めているかぎりつねに私とともにある。そして、私にとって存在しているかぎり、意識体験はいつでも私の内省の対象となりうる。

意識体験がわれわれにとってつねに必ず内省可能であること、これは意識体験の本質である。またわれわれは、自覚的、内省的に把握されることなく過ぎ去った「体験」（＝経験）についても、これをあとから遡って内省的にとらえることができる。さらに、こうした「事後的な」内省的把握のあり方についても、内

〈改行〉こうした対照化をさらに進めてみよう。すると、経験の存在様式とは、内省という仕方のなかで原理的に知覚されることであるとわかる。事物もまた原理的に知覚可能なものなのだが、事物は、私の環境世界の事物として知覚において把握される。事物はまた、知覚されていなくてもこの世界に属していて、したがって知覚されていない時にでも自我にとって現に存在している。しかし、一般的にはやはり、端的な注意の眼差しがその方に向けられうるというようにはなっていない。背景野とは、端的に観察さ

省的に対象化することができる。このことは、想起や想像についてもいえる。

「体験」と「事物」の区別をもう一歩考えてみよう。いまみたように、私の「体験」はいつでも内省可能だが、逆にいえば、体験あるいは経験とは、本質的に反省（内省）という仕方においてのみ把握されるものだといえる。〔⇓フッサールでは「体験」と「経験」は区別されている。「体験」は内省された直接的な心的なプロセスを指し、「経験」は、それが時間的な拡がりをもって一つの事象として把握された場合を指す〕

「事物」は知覚によって把握されるが、それは私の外側に現実存在するものと見

れうる領野という意味で理解されるが、実は私の環境世界の小さな一部にすぎない。

「それが現にある」ということは、むしろ次のことを意味している。すなわち、実際に現出する背景野をともなう顕在的知覚から発して、可能的な、しかも連続的-調和的に動機づけられた一連の知覚

なされている。つまり、知覚によって把握される諸事物は、私に知覚されない場合でもずっと現実存在しているもの、と暗に想定されているのである。

とはいえ、私の視覚野は、私を取りまく広大な環境世界のごく一部分にすぎないから、私が知覚するものは現実存在する事物のごく一部でしかないし、その背景野もやはり私を取りまく世界のごく一部分にすぎない。

ここで、私に知覚されていない事物も現に存在する、というのは、単に事物は人間の認識に関係なく存在している、という意味ではない。

私の視野に、何らかの対象とその背景

が、常に新しい事物領域を（注意されない背景として）ともないながら、まさに当該の事物がそこにおいて現出し把握されるであろう知覚の連関へと達する、ということを意味している。

われわれが個々の自我の代わりに自我の多数性ということを考慮しても、原理的にはその点について本質的なものは何も変化しない。可能な相互の意思疎通の関係をとおしてのみ、私の経験世界は他人の経験世界と同一視され、同時に他人の経験が満ち溢れることをとおして豊かにされうるのである。

野が見えているが、私が視線を移して行くと、つぎつぎに新しい対象と背景野が現われてくる。私はこうした経験を何度も繰り返す。そのことが、いま私に知覚されていない無数に存在する事物も、たしかに現実存在するという暗黙の確信を、強固に形成するのである。

こうした事物の存在確信の形成は、単に一人の主観にとってだけではなく、多数の主観を考えた場合でも同じように妥当する。〔⇒ここはやや唐突なので補ってパラフレーズする〕

事物の存在確信は個々の主観にとっていま述べたような仕方で現われるが、人間はそうした経験をつねに互いに（言葉によって）意思疎通している。そのことで、世界は他人たちにも自分と同じ仕方で現われている、という確信が誰の中にも形成される。そのことが人々の世界の客観的存在（超越）についての確信を、いっそう強固なものとして形成するのである。*

＊これが、現象学の「間主観性」の概念。まず個々の主観にとっての対象の不可疑性（確信）の条件が解明され、つぎに間主観的な不可疑性の条件が解明されるという順序が重要。

　ただし「間主観的な不可疑性」の概念は紛らわしい点があって注意が必要。①世界が現実存在することは私にとって不可疑。これが主観的不可疑性。②の間主観的不可したがって、調和的な動機づけの連関による顕在的な知覚という私のその都度の圏域との、これまで記述してきたような結合を欠くような超越というのは、まったく根拠のない想定であろう。このような結合を原理的に欠くような超越というのはナンセンスであろう。

疑性は、すべての主観にとって世界の現実存在の不可疑性が成立する、ということではない。各人の中で、「私だけでなく誰もが世界の現実存在についての不可疑性をもっている」という不可疑性が成立すること。序論のヴィトゲンシュタインの「かぶと虫」の挿話が分かりやすい（本書六三頁）。

こうして、われわれの対象確信は、必ず、顕在的知覚の連続的な調和というプロセスをとおしてのみ成立することが明らかになった。あるいは、このプロセスなしには、およそ超越的存在（外的な事物）についての存在確信は構成されない。*

つまり、事物世界の、顕在的に知覚されていないものが目の前に存在するあり方は、このようなものである。事物世界は、体験というものの原理的に意識された存在とは本質的に異なった世界なのである。

＊ここはあくまで知覚（視覚）に対応する事物確信としての「超越」についての話。たとえば「神」のような、推論だけで構成される「超越者」についてはまた別である。

いま現に知覚されていない事物も現実存在する、というわれわれの確信は、こうしたプロセスによってのみ存在するのである。このように、現象学的には、「体験」の世界とは、事物世界の一部ではない。むしろ、そこから事物世界の現実性がたえず確信として構成されつづける領域なのである。

第46節　内在的知覚の不可疑性、超越的知覚の可疑性

以上述べてきたすべてのことから、重要な帰結が生じてくる。内在的知覚はどれも、その対象の実在を必然的に保証する。内省的に把握する行為が私の経験に向けられると、私は、絶対的な自己を把握する。その現実存在は原理的に否定されえない。すなわち、そうしたものは存在しないという洞察は、原理的に不可能なのである。そのように与えられた体験が本当は存在しないことも可能である、と考えることは背理であろう。

第46節　内在的知覚の不可疑性、超越的知覚の可疑性

ここまで見てきたことから重要な帰結が導かれる。内在的知覚、すなわち意識の内省によって確証的に把握されたことがらは、「絶対的な明証性」をもつということ。いいかえれば、内省的にとらえられた「意識」の領域は、それ自体として不可疑であり、否定したり疑ったりすることが無意味な事象だ、ということである。〔⇓私が見ているものは夢で、現実ではないかもしれない。しかしそれでも私が夢を見たということ自体は、不可疑で動かせない〕

体験流というのは、思考する者である私の体験流であり、いかに広範囲にわたって把握されておらず、過ぎ去った、またやってくる流れの領域についても知られていないとしても、それは存在している。私が流れ行く生を現実的な現在において見やり、その際私自身をこの生の純粋な主体として把握するや否や（このことが何を意味するかは、のちに別に取り組むことになろう）、私は端的にそして必然的に、私は存在する、この生は存在している、私は生きている、つまりコギト、と言う。

現在の自分の意識を内省的にみれば、それは、内的な感覚内容の時間的な流れ、体験流である。たとえばそれは赤い、丸い、つやつやの感覚が変化しつつ流れて行く世界である。このとき、「私はリンゴを見ている」という構成された判断は間違いでありうる（レプリカかもしれない）。しかし、私に、「赤い」や「つやつや」の感じがいま現に与えられているということ自体は、一つの絶対的な明証性であり、疑いえないものだ。

　この内在的知覚の絶対性、不可疑性は、極端な懐疑論者であっても疑いえないし、またじつは疑っていない。この内在的知覚の明証性こそは、私が自我（コ

〈改行〉どの体験流にも自我そのものにも、この明証を獲得する原理的な可能性が属しており、どの体験流も自我も、その絶対的な現実存在の保証を、原理的な可能性としてそれ自体のうちにもっているのである。しかし、或る自我がその体験流においてただ空想物しかもたず、この体験流は虚構的直観以外の何ものからもなりたっていない、ということが考えられはしないか、と問われるかもしれない。それゆえ、このような自我はコギタチオについて虚構だけを見て、その自我の内省は、この体験媒体の本性からし

ギト）として生きていることの根本の根拠なのである。

繰り返せば、「内在」領域の不可疑性は誰にとっても妥当する意識の絶対的事実である。

だが、極端な懐疑論者ならつぎのような異議をとなえるかもしれない。意識の流れのすべてが想像（空想）によってのみ構成されている人間の意識も想定されるのではないか。そこでは、この人間が見出すものはすべて虚構であり、そこにはどんな不可疑性も明証性もありえないのではないかと。

て、もっぱら空想における内省ということになるだろう、というわけである。

——しかし、それは明らかな背理である。念頭に浮かぶものは単なる虚構であるかもしれないが、念頭に浮かぶということ自体、虚構する意識それ自体は、虚構されたものではない。そして、その意識の本質には、知覚する内省の可能性、また絶対的現実存在を把握する内省の可能性が属しており、またどんな体験にもその可能性が属している。

だが、このような想定は背理である。百歩譲って、私が意識しているものは、すべて想像であるとしよう。このとき私が把握する対象はたしかに虚構物（たとえば半人半獣）である。しかしこの場合でも、私が正常な「コギト」として（自我をもって）目覚めているかぎりは、私は、「自分は想像的な像をみている」という明証的な確信をもつ。*

＊少し補うと、私が明証的なコギトを生きるかぎり、私は内在意識のうちで、知覚の対象像と想像的像の違いを、つねに明証的に区別できる。この明証的な区別が不可能

私が感情移入する経験において定立する他人の意識はすべて存在しない、という可能性のうちには何の背理もない。しかし、私の感情移入と私の意識一般は、本質の上でも、存在の上でも、原的にかつ絶対的に与えられている。ただし、自己自身への関係における自我および体験流にとってのみ、この際立った事情は成り立つのであり、ここにおいてのみ内在的知覚といったものは存在するのであり、また存在せざるをえないのである。

なら、人はそもそも自我をもたず「現実」と「虚構」の区別ということ自体、意味をもたなくなる。

私が他人の心を推測しているとき、その他人の心がじつは存在していない、という可能性は、論理的にはありうる（人間だと思っているが、精巧な機械仕掛けのアンドロイドだったとか）。しかし、私が他人の表情を見て相手に同情するとき、たとえその表情が真実のものでなかったとしても、私の同情の気持ち自体は虚構ではない。

要するに、いま私の意識内に生じている感覚や感情は、私にとってはどこまでも明証的かつ不可疑なのである。

〈改行〉それに対して、われわれが知っているように、事物世界の本質には次のことが属している。すなわち、事物世界の領域においてはいかに完全な知覚でも絶対的なものを与えない、ということである。そのこととも本質的に連関することだが、経験がどれほど広範にわたろうとも、経験における所与のありありとした自己現在についての不断の意識にもかかわらず、所与が実在しない、という可能性が残されている。

本質法則として、事物的な存在は決して所与性によって必然的なものとして要求された存在ではなく、ある種の仕方で

いま、「体験」世界の絶対的な不可疑性について述べたが、これに対して、「事物」の世界では、むしろ、つねに本質的な可疑性がつきまとっている。「事物」の世界は、「内在」の領域で志向的に構成された確信の世界、つまり「超越」の世界である。それゆえ、どれほど自然な確信が成立していても、「内在」における所与性が変わると、その対象はじつは存在していなかった、という確信の変容可能性がつねに存在する。

個々の自然事物、動物、人間などは、この意味で、その存在本質において偶然的な存在といえる。つまり、それらの存

常に偶然的な存在である、ということが妥当する。つまり、経験の進行は、すでに経験に即した正当性をもって定立されたものの放棄を余儀なくさせるのである。あとから、あれは単なる幻想、幻覚だった、単に筋の通った夢等々だった、と言われるわけである。それに加えて、この所与の領域には、絶えず起こりうる可能性として、統握の変化とか、或る現象がそれと調和的に統合されえない現出へと急変することが存在する。したがってまた、以前の経験定立に対して後の経験定立が影響を及ぼすこともある。

そうなると、以前の経験定立の志向的対象は、後からいわば改変をこうむるの

在確信の持続は、どこまでも内在的意識に現われる感覚内容に依拠する。個々の事物認識は、意識の感覚的所与から構成される対象確信だからである。

それゆえ意識所与が変化すると、それまで成立していた「これこれの存在である」という確信も変化する。そのために、さっきまで自然な確信としてあったことが、じつは単なる幻覚だったとか、大きな思い違いだった、といったことが生じるのである。

こうした確信の変容は構成された「超越」の領域にだけ生じるのであって、

である。これはまったくのところ、体験圏域においては本質的にありえない出来事である。この絶対的圏域においては、撞着《どうちゃく》、仮象、存在の変化は余地をもたない。それは絶対的定立の圏域なのである。

〈改行〉そうであるから、いずれにしても、事物世界において私に対して現にあるものすべては、原理的にはただ仮定的な現実に過ぎないということ、これに反して、事物世界がそれに対して存在している私自身は（「私のうちで」自然世界に分類されるものは除外して）、別言すれば私の体験の顕在性は、絶対的な現実であり、無条件的な、まったく廃棄できない定立に

「内在」の領域（体験の領域）では起こりえない。意識領域に与えられてくるものは、意識にとって絶対的に与えられるのであって、「じつはそうではなかった」ということはありえない。

もう一度言うと、事物世界（超越の世界）は、どこまでも構成された確信の世界だから、その条件が変わると確信のありようもまた変化する。だからここでは絶対的な最終の判断というものは成立しない。

これに対して、意識体験（内在）の世界は、私にとって動かしようのない絶対的所与の世界である。ここに、「内在」

よって与えられているということは明らかである。

〈改行〉世界という定立は、「偶然的な」定立であり、それゆえこれには、私の純粋な自我および自我の生という定立が対立している。後者は「必然的な」まったく疑いを入れない定立である。ありありと所与されるすべての事物的なものは、存在しないこともありうるが、ありありと所与されるどんな体験も存在しないということはありえない。これが、後者の必然性と前者の偶然性を定義する本質法則なのである。

の世界が不可疑の領域であり、「超越」の世界がどこまでも可疑性をもつ領域だということの意味がある。

それゆえ、われわれがふつう「世界」と呼んでいるものは、私の「現在意識」の領域から構成され定立された、偶然的な「世界確信」なのである。一方、私の自我の世界、つまり意識領域に現われる世界は、つねに絶対的、必然的かつ不可疑である。

私は、とくに意識することなく、この「内在」の領域において世界とその諸対象の全体を、「確信」として構成している。だから、ときに間違った確信を構成することがある。〔⇒これが偶然的〕

〈改行〉明らかに、そのつど顕在的な体験の存在の必然性は、だからといって純粋な本質必然性ではない。すなわち、ひとつの本質法則の純粋に形相的な特殊化ではない。それは、ひとつの事実の必然性であり、そう呼ばれるのは、ひとつの本質法則が事実に関与しているのであり、しかも事実の現存在そのものに関与しているからである。

　内省の理念的可能性というものは、純粋な自我一般の本質に、そして純粋体験一般の本質に基づいており、この内省は、明らかに廃棄できない現存在定立の

「内在」の世界は絶対的で必然的な世界だといったが、それは、数学の世界がもつような純粋な本質必然性とは違っている。〔⇒数学の世界の必然性は、観念の規則で構成された「理念」の世界がもつ必然性である〕

　内在体験の領域の本質必然性は、いわばわれわれの「生という現事実」の必然性である。つまり内在の領域こそは、われわれの生の絶対的な根拠なのである。

　われわれの「自我」には、自分自身を内省できるという本質的能力がある。この自己内省の可能性こそは人が「自我」の生（コギト）をもつことの根拠だとい

本質性格をもっている。

〈改行〉たった今なされた熟考は、絶対的な確実性をもって世界の存在をわれわれに確証するような証明が、世界の経験考察からは案出されないことをも明らかにする。世界が疑わしいというのは、調和的経験の途方もない力に反するものとして考慮されるような合理的動機が存在する、というような意味においてではない。そうではなくて、疑いが考えられるという意味においてである。

そして、疑いが考えられうるのは、非在の可能性が、原理的可能性として、決して排除されないからである。

える。

いまたどってきた考察は一つの重要なテーゼを導く。すなわちそれは、「世界が現実存在するということを絶対的に証明することはできない」というテーゼである。

しかしこのテーゼは、人間の理性は「世界の現実存在」を疑う合理的で十分な理由をもつ、ということを意味するのではない。むしろ、繰り返し見てきたように、超越の領域では、存在についての絶対的な最終判断（確定）はありえないということにすぎない。*

＊これは、序論で述べたソフィスト、ゴルギアスの第二テーゼ、「存在は決して認識

どれほど大きな経験の力であっても、次第に相殺され、また凌駕されることがありうる。体験というものの絶対的な存在はそのことによって何も変更されず、それどころか体験は常にそれらすべてに対して前提として存続するのである。

に一致しない」、にあたる。

どれほど強固に構成された確信であっても、内在の領域で与えられる与件が変われば、「じつは違っていた」ということが必ず起こる。つねに、必然的に、「体験」が「超越世界」を規定しているのであって、その逆はありえないのだ。*

＊ここは、『イデーン』の最も重要な結論部なので、ひとこと解説。「世界の現実存在は決して証明されない」このテーゼは正しいが、それは懐疑論的な意味においてではない。現象学の探究はむしろそれを逆転する。

どんなに確実にみえる認識（科学的認識）でさえ、絶対的に証明することはできない。理由はきわめて簡明で、内在に現われる与件（データ）が変われば、認識の結論（確信）も変わるからである。きわめて確実に見えたニュートンの力学が、アインシュタインの相対性理論に置きかえられたのも、計測データが変わったからだ。新しい計測技術が新しいデータを示せば、新しい理論へと変移する可能性がつねに原理的に存在する。

にもかかわらず、このことは「世界の現実存在」を否定する論拠とはならない。

現象学は間主観的な確信形成の構造を解明する学でもある。このことによって現象学は、世界の現実存在の人間にとっての不可疑性を、言いかえれば存在確信の動かしがたさを論証する。つまり、世界の存在が

〈改行〉われわれの考察は、以上によってひとつの頂点にまで進んだ。われわれは、われわれが必要とする認識を獲得した。われわれに開示された本質連関のう

われわれにとって不可疑な確信として成立する、その本質的な理由を解明するのである。

このことが、従来の一切の現象学理解が看過してきた現象学の認識論としての核心点である。それゆえ、現象学を確信構成の本質学と受けとらない従来の現象学解釈は、認識本質論としての現象学の核心を完全に理解し損なっていたといわねばならない。私が現象学理解のパラダイム変換を主張する理由はそこにある。

ここまできて、われわれの現象学的な考察は一つの頂点に達したといえる。すなわち、認識論の探究においては、その本質領域である内在的意識の領域は、わ

ちに、われわれが導き出そうとする結論のためのもっとも重要な前提がすでに含まれている。その結論とは、全自然的世界は、意識、つまり体験の存在圏域から原理的に引き離せる、ということである。その結論のうちに、われわれが確信することができるように、デカルトの(まったく別の目標に向けられた)省察の、ただこれまでは純粋な効果を与えるに至っていなかった核心が、ようやく正当に位置づけられるようになるのである。もちろん、われわれの究極の目標を達成するためには、あとからなお、若干の補足を必要とするだろう。ちなみに、その補足は容易にもたらしうるものである。さしあたりわれわれは、制限された妥当の枠

われわれが客観的存在と見なす全自然世界、事物世界の全体から、本質を異とした領域として分離されて考察されねばならないということである。〔⇒あるいはもっと端的に、全自然－全事物の世界は、われわれの「内在」「体験」の領域からたえず構成される「世界確信」の領域として洞察されねばならない〕

この結論のうちに、デカルトがその省察において目論んでいたことの核心が本来の意義を得ることになる。〔⇒すなわち、普遍的な哲学的認識の基礎づけの出発点は、内在的なコギトの明証性の場所におかれるべきである、ということ〕

もちろん、われわれの究極の目標を達成するためには、さらなる認識論的な展

内で、われわれの結論を引き出すことにしよう。

開を必要とする。しかし、ここまで積み上げてきた認識論上の諸原理を見失わないかぎり、われわれはその展開を、着実に推し進めることができるはずである。

□解読の総括

『イデーン』超解読は、渡辺訳の『イデーンⅠ－Ⅰ』の第一節から四六節までを取り上げた。『イデーン』に挑もうとする読者にとっては、四六節までの解読は心許なく思えるかもしれない。

しかし『イデーンⅠ』（Ⅰ－ⅠとⅠ－Ⅱ）だけでもその全体は、第四篇第三章の一五三節までである。一五三節までをこのやり方で解読すれば四倍近い分量になる。私の手元には『イデーンⅡ』『イデーンⅡ』の詳細な解読ノートがあり、それを改訂すれば『イデーンⅠ』『イデーンⅡ』全体の解読版を出すこともできるが、もはや私にその時間はないかもしれない。

そこで、この超解読版の読者のためにひとことつけ加えておく。序論でも述べたが、ここで解読を試みた四六節までで、フッサールの現象学的還元の方法の枢要の記述はすべてなされている。すなわち、フッサールを学ぶことの主要目標を、自分でさまざまな対象について「本質観取」を自在に遂行できるようになる、という点に置けば、その方法の精髄は四六節まですべて記述されている。

それゆえ、四六節まで読み進んで現象学的還元の方法を把握できないものは、たとえ『イデーンⅢ』まで読み進んでもそれを把握できないだろう。実際、現象学の歴史は如実にそのことを示している。

なにより、現象学的還元とその展開形である「本質観取」の方法を自家薬籠中のものとすることが、最も重要なことである。やや大げさに言うと、この能力を身につけた者は新しい領域についての哲学を拓くことも不可能ではない。

もう一つある。なにより肝心なのは、ここでフッサールが試みたのは、現象学的還元の方法（＝すなわち本質観取の方法）による、一切の対象の「確信構成」の本質構造の解明だということ。そしてこの「本質構造」は、それを適切に構図化すれば、誰でも理解し把握できる独自の思考法だということである。

それゆえ、逆にいえば、フッサールの難解なテクストの全体を十分に読解することができなくとも、この構図を完全に理解できれば、誰であれ、「本質観取」の方法を遂行することが可能となる。

最後に、『イデーンⅠ』四七節以降（第二篇第三章以後）に置かれている主題を、簡潔にここに示しておこう。

『イデーンⅠ－Ⅰ』四七節以後の主題は、「純粋意識」と「現象学的還元」の概念のより詳細な解説。

『イデーンⅠ－Ⅱ』（六三節～一五三節）の中心主題は、コギタチオ－コギタートゥムの概念を「ノエシス－ノエマ」と言い換えて、さらに詳細な解説がなされる。もう一つは、「理性」の概念の現象学的再定義とその詳細な解説。そして「理性の現象学」と論理学の現象学的再定義。

これらの節のうちで、四六節までにはほとんど現われていない新しいテーマとしては、「物語」的な措定を性格づける「中立変様」の概念（一〇九節以降）。「明証性」の概念の詳説（これは『デカルト的省察』でも説かれている）。九節で説かれた「形式的存在論」と「領域的存在論」という学的区別の現象学的詳細化、等々である。

『イデーンⅡ』の概要についてもつけ加えておく。

『イデーンⅡ－Ⅰ』の中心主題は「心身論」であり、第一篇が物理的自然の構成、第二篇が有心的自然の構成。ただ、ここでは『危機』での他我論を、もっとくわしくやり直しているだけで、さほど新しいテーマはない。新しい主題としては、『イデーンⅡ－Ⅱ』がたいへん重要である。つまり第三篇の精神的世界の構成。ここで心的存在の現象学が展開されている。ことに重要なのは「人格主義的世界」の本質観取。ただし、例によってその展開の速度はきわめてゆっくりで、まだ入り口という感じ。

さて『イデーンI』にもどろう。現象学的還元、対象確信の構成の構造としての「コギタチオ－コギターツム」。その変奏形としての「内在－超越」構図、そして意識と経験についての哲学的内省の方法としての「本質観取」。これがフッサール現象学の最も根本的な諸概念であるが、これらの概念の理解は、まさしく『イデーン』四六節までの解読によって誰にも把握されるものである。

私に時間があれば一五三節までの完全注解（コンメンタール）を出すことは不可能ではない。しかしそれは、本格的に学問的にフッサール現象学を研究したい人のためのものとなるだろう。一般の読者にとっては、上に示した枢要の諸概念を適切に把握することで、現象学という哲学の智恵の精髄を十分に身につけることができるはずである。

＊

『イデーン』対訳式超解読のアイデアは、ふとしたきっかけで早稲田大学教授の荒井訓氏と出会い、早稲田11号館の一室で数人の学生とともにはじめたドイツ語哲学講読会から生まれた。荒井さんとの出会いがなければ、この対訳的形式による『イデーン』解読はなかったかもしれず、あるいは『イデーン』超解読自体が生まれなかったかもしれない。『欲望論』第三巻、第四巻執筆のため、すべてを後回しにしたい気持ちが強かったからである。しかし、フッサール現象学は、来たるべき世紀の新しい哲学の展開の起点となる哲学である。二十世紀の間、フッサール現象学は大きな誤解によって現代哲学から完全に黙過されていた。『イデーン』超解読がこの頑固な遮蔽の壁を破砕して、現象学の真髄がつぎの世代に継承されることを心から望んでいる。

これを私のあとがきと見立てて、荒井さんとこの講読会でともに学んだ学生たちに、この場を借りて感謝。この新しい企画を積極的に推し進めていただいた編集の所澤淳さんにも、ここで感謝の意を表したい。

あとがき

本書での私の役割は新訳なので、本文の内容には触れず、ここでは簡単にこの前例のない企画が成立した経緯を書いておきたい。

「お互い、さんづけにしましょう」と言われても、やはり私には竹田さんではなく竹田先生である。四十年近く前、ポスト・モダン思想の全盛期にさまざまな言説に幻惑されていた私は『現代思想の冒険』（一九八七年）のおかげで、現代思想の布置を見渡すことができるようになった。以来「竹田青嗣」は私の師だからである。

「解読の総括」に書かれている「ふとしたきっかけ」とは、二〇一六年に、私の研究室前の廊下で私が「先生のファンです」と挨拶したことを指している。竹田先生が他大学から早稲田の私の所属学部とは別の学部に移ってきていること、しかも同じ階に竹田研究室があることは知っていて、いつか挨拶をしたいと考えていたのだった。その後しばらくして「一緒に（ドイツ語の哲学書を）読みませんか」と誘いを受け、竹田門下生たちを加えて、ニーチェ、ハイデガー、フッサールと対象をつないで講読会が続いてきた。本書はその果実である。

講読会では読解だけでなく発音にも注意するようにしている。Ideeの複数形であるIdeenは、仮名で記せば「イデーエン」が原語に近い。本書でも「イデーン」ではなく「イデーエン」としたかったところであるが、本邦ではフッサールの『イデーン』として定着してしまっているので混乱を避けるため断念した。

本邦での『イデーン』理解の多くは渡辺二郎の翻訳『イデーン――純粋現象学と現象学的哲学のための諸構想《イデーン》』（一九七九年〜）に拠っていると言えるだろう。この優れた訳業には深く敬意を表するが、渡辺訳は理解を助けるためにことばをかなり足している。本書では、可能な限りことばを足さない・引かないを旨とした。フッサールの文章は思考の流れだけでなく、構文的にも厄介で、ことばを足さずに訳すと分かりにくい箇所が少なくない。しかし、対訳的超解読という形式の本書では、超解読という補助があるために翻訳では迷うことなく足さない・引かないを通した。「こう訳すことはできませんか」（竹田）「いいえ、そうは書いてありません」（荒井）というやり取りを何度もしたものである。

講読会の参加者はそれぞれの理由で出入りがあったが、最初から本書の成立までずっと付き合ってくれた平原卓さんにはしばしば貴重な意見を述べてもらった。講談社の所澤淳さんは、新書にするには難しい構成の本書の企画を快く進めてくださった。お二人にここで謝意を表しておきたい。

二〇二四年八月

荒井　訓

N.D.C.134.95　345p　18cm
ISBN978-4-06-538080-2

講談社現代新書　2761

超《ちょう》解《かい》読《どく》！　はじめてのフッサール『イデーン』

二〇二四年一二月二〇日第一刷発行

著者　竹《たけ》田《だ》青《せい》嗣《じ》／荒《あら》井《い》 訓《さとし》　

発行者　篠木和久
発行所　株式会社講談社
東京都文京区音羽二丁目一二―二一　郵便番号一一二―八〇〇一
電話　〇三―五三九五―三五二一　編集（現代新書）
〇三―五三九五―五八一七　販売
〇三―五三九五―三六一五　業務
装幀者　中島英樹／中島デザイン
印刷所　株式会社ＫＰＳプロダクツ
製本所　株式会社国宝社
本文データ制作　講談社デジタル製作
定価はカバーに表示してあります　Printed in Japan

「講談社現代新書」の刊行にあたって

教養は万人が身をもって養い創造すべきものであって、一部の専門家の占有物として、ただ一方的に人々の手もとに配布され伝達されうるものではありません。

しかし、不幸にしてわが国の現状では、教養の重要な養いとなるべき書物は、ほとんど講壇からの天下りや単なる解説に終始し、知識技術を真剣に希求する青少年・学生・一般民衆の根本的な疑問や興味は、けっして十分に答えられ、解きほぐされ、手引きされることがありません。万人の内奥から発した真正の教養への芽ばえが、こうして放置され、むなしく滅びさる運命にゆだねられているのです。

このことは、中・高校だけで教育をおわる人々の成長をはばんでいるだけでなく、大学に進んだり、インテリと目されたりする人々の精神力の健康さえもむしばみ、わが国の文化の実質をまことに脆弱なものにしています。単なる博識以上の根強い思索力・判断力、および確かな技術にささえられた教養を必要とする日本の将来にとって、これは真剣に憂慮されなければならない事態であるといわなければなりません。

わたしたちの「講談社現代新書」は、この事態の克服を意図して計画されたものです。これによってわたしたちは、講壇からの天下りでもなく、単なる解説書でもない、もっぱら万人の魂に生ずる初発的かつ根本的な問題をとらえ、掘り起こし、手引きし、しかも最新の知識への展望を万人に確立させる書物を、新しく世の中に送り出したいと念願しています。

わたしたちは、創業以来民衆を対象とする啓蒙の仕事に専心してきた講談社にとって、これこそもっともふさわしい課題であり、伝統ある出版社としての義務でもあると考えているのです。

一九六四年四月　野間省一

哲学・思想Ⅰ

66 哲学のすすめ――岩崎武雄
159 弁証法はどういう科学か 三浦つとむ
501 ニーチェとの対話――西尾幹二
871 言葉と無意識――丸山圭三郎
898 はじめての構造主義 橋爪大三郎
916 哲学入門一歩前――廣松渉
921 現代思想を読む事典 今村仁司 編
977 哲学の歴史――新田義弘
989 ミシェル・フーコー 内田隆三
1001 今こそマルクスを読み返す 廣松渉
1286 哲学の謎――野矢茂樹
1293 「時間」を哲学する――中島義道

1315 じぶん・この不思議な存在―鷲田清一
1357 新しいヘーゲル――長谷川宏
1383 カントの人間学――中島義道
1401 これがニーチェだ――永井均
1420 無限論の教室――野矢茂樹
1466 ゲーデルの哲学――高橋昌一郎
1575 動物化するポストモダン 東浩紀
1582 ロボットの心――柴田正良
1600 ハイデガー＝存在神秘の哲学――古東哲明
1635 これが現象学だ――谷徹
1638 時間は実在するか 入不二基義
1675 ウィトゲンシュタインはこう考えた 鬼界彰夫
1783 スピノザの世界――上野修

1839 読む哲学事典――田島正樹
1948 理性の限界――高橋昌一郎
1957 リアルのゆくえ――大塚英志 東浩紀
1996 今こそアーレントを読み直す――仲正昌樹
2004 はじめての言語ゲーム――橋爪大三郎
2048 知性の限界――高橋昌一郎
2050 超解読！ はじめてのヘーゲル『精神現象学』 竹田青嗣 西研
2084 はじめての政治哲学 小川仁志
2099 超解読！ はじめてのカント『純粋理性批判』 竹田青嗣
2153 感性の限界――高橋昌一郎
2169 超解読！ はじめてのフッサール『現象学の理念』――竹田青嗣
2185 死別の悲しみに向き合う――坂口幸弘
2279 マックス・ウェーバーを読む――仲正昌樹

哲学・思想Ⅱ

宗教

27 禅のすすめ——佐藤幸治
135 日蓮——久保田正文
217 道元入門——秋月龍珉
606 「般若心経」を読む——紀野一義
667 生命《いのち》あるすべてのものに　マザー・テレサ
698 神と仏——山折哲雄
997 空と無我——定方晟
1210 イスラームとは何か——小杉泰
1469 ヒンドゥー教　クシティ・モーハン・セーン　中川正生 訳
1609 一神教の誕生——加藤隆
1755 仏教発見！——西山厚
1988 入門　哲学としての仏教　竹村牧男
2100 ふしぎなキリスト教——橋爪大三郎 大澤真幸
2146 世界の陰謀論を読み解く——辻隆太朗
2159 古代オリエントの宗教　青木健
2220 仏教の真実——田上太秀
2241 科学vs.キリスト教——岡崎勝世
2293 善の根拠——南直哉
2333 輪廻転生——竹倉史人
2337 『臨済録』を読む——有馬頼底
2368 「日本人の神」入門——島田裕巳

Ⓒ

心理・精神医学

331 異常の構造――木村敏
590 家族関係を考える――河合隼雄
725 リーダーシップの心理学――国分康孝
824 森田療法――岩井寛
1011 自己変革の心理学――伊藤順康
1020 アイデンティティの心理学 鑪幹八郎
1044 〈自己発見〉の心理学 国分康孝
1241 心のメッセージを聴く 池見陽
1289 軽症うつ病――笠原嘉
1348 自殺の心理学――高橋祥友
1372 〈むなしさ〉の心理学 諸富祥彦
1376 子どものトラウマ――西澤哲
1465 トランスパーソナル心理学入門――諸富祥彦
1787 人生に意味はあるか 諸富祥彦
1827 他人を見下す若者たち 速水敏彦
1922 発達障害の子どもたち――杉山登志郎
1962 親子という病――香山リカ
1984 いじめの構造――内藤朝雄
2008 関係する女 所有する男――斎藤環
2030 がんを生きる――佐々木常雄
2044 母親はなぜ生きづらいか――香山リカ
2062 人間関係のレッスン 向後善之
2076 子ども虐待――西澤哲
2085 言葉と脳と心――山鳥重
2105 はじめての認知療法――大野裕
2116 発達障害のいま――杉山登志郎
2119 動きが心をつくる――春木豊
2143 アサーション入門――平木典子
2180 パーソナリティ障害とは何か――牛島定信
2231 精神医療ダークサイド 佐藤光展
2344 ヒトの本性――川合伸幸
2347 信頼学の教室――中谷内一也
2349 「脳疲労」社会――徳永雄一郎
2385 はじめての森田療法 北西憲二
2415 新版 うつ病をなおす 野村総一郎
2444 怒りを鎮める うまく謝る 川合伸幸

L